西南交通大学本科教学质量保障工作手册

西南交通大学教学质量保障工作委员会
西南交通大学教务处　　　　　　　　　编

概　况

（第1册）

冯晓云　　张长玲　　王克贵　编著

西南交通大学出版社
·成都·

图书在版编目（ＣＩＰ）数据

西南交通大学本科教学质量保障工作手册. 概况 /
冯晓云，张长玲，王克贵编著. —成都：西南交通大学
出版社，2018.12（2024.4 重印）
ISBN 978-7-5643-6653-7

Ⅰ. ①西… Ⅱ. ①冯… ②张… ③王… Ⅲ. ①本科 –
教学质量 – 保障体系 – 成都 – 手册 Ⅳ. ①G649.2-62

中国版本图书馆 CIP 数据核字（2018）第 290771 号

Xi'nan Jiaotong Daxue Benke Jiaoxue Zhiliang Baozhang Gongzuo Shouce
西南交通大学本科教学质量保障工作手册
Gaikuang
概　况

冯晓云　　张长玲　　王克贵　编著

| 责任编辑 | 罗小红 |
| 封面设计 | 曹天擎 |

出版发行	西南交通大学出版社
	（四川省成都市金牛区二环路北一段 111 号
	西南交通大学创新大厦 21 楼）
邮政编码	610031
发行部电话	028-87600564　　028-87600533
官网	http://www.xnjdcbs.com
印刷	成都蜀通印务有限责任公司

成品尺寸	185 mm × 260 mm
总印张	22
总字数	538 千
版次	2018 年 12 月第 1 版
印次	2024 年 4 月第 4 次
套价	88.00 元
（全 6 册）	
书号	ISBN 978-7-5643-6653-7

《西南交通大学本科教学质量保障工作手册》

编 委 会

主　　编：冯晓云
副主编：郝　莉　崔　凯　朱志武
编　　委：代　宁　刘朝晖　张国正　姬晓旭　张长玲
　　　　　冷　伟　卫飞飞　李静波　王克贵　尹帮旭
　　　　　丁　蔓　祝　懿　徐　凌　翟　旭　雷　雳
　　　　　胡赛明
本册作者：冯晓云　张长玲　王克贵

目 录

一、高校内部质量保障体系建设的重要性

高等教育承担着培养高级专门人才、发展科学技术文化、促进现代化建设的重大任务。高等教育的质量问题早已成为世界高等教育普遍关注的问题。1999 年，教育部出台的《面向21 世纪教育振兴行动计划》拉开了中国高校扩招的历史序幕，随着我国成为世界上高等教育规模最大的国家，高等教育规模与质量之间的矛盾日益凸显，使得高等教育质量成为社会关注的热点之一，"提高教育质量"的呼声越来越强。2010 年公布的《国家中长期教育改革和发展规划纲要（2010—2020 年）》明确提出提高质量是高等教育发展的核心任务，是建设高等教育强国的基本要求。提高质量是高等教育的生命线！如何保障学校的内部质量，成为所有高校在探索教育质量提升路径的过程中必须明确的首要问题。

我国历来重视高校内部质量保障体系建设。自 20 世纪 80 年代开始，我国已组织举行过多次本科教学评估。2003 年，教育部在《2003—2007 年教育振兴行动计划》中明确提出实行"五年一轮"的普通高等学校教学工作水平评估制度，标志着中国高等教育的教学评估工作开始走向规范化、科学化、制度化和专业化的发展阶段。2011 年，教育部发布了《教育部关于普通高等学校本科教学评估工作的意见》（教高〔2011〕9 号），确定了以学校自我评估为基础，以院校评估、专业认证及评估、国际评估和教学基本状态数据常态监控为主要内容的高等教育教学评估顶层设计，并指出评估重在考查学校内部质量保障体系建设与运行情况。2012 年，教育部发布了《教育部关于全面提高高等教育质量的若干意见》（教高〔2012〕4 号），将评估工作列为提高高校教育质量的重要举措；下发了《普通高等学校本科教学工作合格评估实施办法》《普通高等学校本科教学工作合格评估指标体系》，新一轮评估方案基本确定。2013 年，教育部发布《教育部关于开展普通高等学校本科教学工作审核评估的通知》（教高〔2013〕10 号），将质量保障体系建设作为评估的六大范围之一。

二、西南交通大学重构本科教学质量保障体系的原因与思路

西南交通大学基于对原有本科教学质量保障体系的研究与分析，发现尚有以下问题需要引起足够重视：① 原有的质量保障体系缺乏整体设计，相关规章制度较为零散，系统性不够，既没有涵盖教学的所有环节，也不够具体深入，相互之间缺乏呼应和清晰逻辑关系，未形成循环闭合的流程；② 教学质量保障责任不够明晰，学校层面、学院层面、基层教学组织以及学生等在教学质量保障中的责任内容没有得到明确；③ 没有体现"以学生的学习和发展为中心"的理念，现有内容流于表面化和形式化，有些内容的可操作性较差，不能够很好地满足教育教学"内涵式发展"的要求。

针对原有教学质量保障体系存在的问题，西南交通大学以专业认证理念为指导，以本科教学质量审核评估为契机，以促进"学生学习与发展"为总目标，以学生学习成果为评价依据，在明确教学质量保障责任的基础上，成立"西南交通大学教学质量保障工作委员会"，从

学校、学院、基层教学组织三个层面，明确评价主体、责任主体和工作主体，确定涵盖专业、课程、实习实践、毕业设计（论文）、学生学习与发展五个质量保障环节，建立质量标准，制定评价指标体系与实施方案，完善评估结果的反馈机制，注重持续改进效果的跟踪，通过"评价→反馈→改进"不断迭代的过程，构建相互促进、相互协调的本科教学质量保障体系。

三、西南交通大学重构本科教学质量保障体系的探索与实践

西南交通大学一直致力于提供确保一流人才培养质量的高等教育教学环境。为实现这一目标，我校建立起明确而严格的教学质量保障体系，采用科学且严谨的方法来评估和保障学校本科教育教学，最终目的在于提高学生学习成效。

2015 年 6 月，学校发布《西南交通大学关于深化教育教学改革 提高人才培养质量的若干意见》（西交校教〔2015〕11 号），明确提出要确保人才培养在学校各项工作中的中心地位，构建相互促进、相互协调的本科教学质量保障体系。依据此文件，学校颁布了《西南交通大学教学质量保障工作委员会章程》，成立教学质量保障的专项工作机构，明确组织与成员、职责与工作机制，促进学校内部质量保障工作的良性运行，评估和保障学校的本科教育教学质量，最终目的在于为学生提供有效的学习环境和有意义的学习经历，确保学生获得有效的学习成果。2015 年 9 月，以课程评估与持续改进为代表的本科教学质量保障体系正式开始在全校实施。

（一）西南交通大学本科教学质量保障原则

西南交通大学本科教学质量保障遵循全面性原则、多样化原则、效率与效益原则、发展与问责导向原则。

（1）全面性原则：立足现代全面质量管理理念，体现本科教学质量管理的全面性、全过程性和全员参与性。

（2）多样化原则：遵循高等教育多样性特征，形成多样化的质量观，建立多样化的质量标准。

（3）效率与效益原则：兼顾学校教育资源的使用效率和社会效益，建立可持续发展的本科教学质量保障体系。

（4）发展与问责导向原则：坚持发展导向与问责导向，确保本科教学质量保障各项工作的规范性和科学性，并实现持续改进。

（二）西南交通大学本科教学质量保障责任划分

在学校内部教学质量保障过程中，学校、教学单位、教师与学生应全员参与，并肩负相应的责任：学校学术委员会负责学校教学质量保障学术标准的审定，同时授权学校教学质量保障工作委员会开展质量保障的过程实施；学校与学院管理者、其他校内服务人员致力于建

设和提供良好的教育教学环境；教师有责任确保课程的设计、建设、实施以及评估能够促进学生有效学习；学生有责任全身心参与学习过程。

（三）西南交通大学本科教学质量保障工作机制

依据《西南交通大学本科教学质量保障指导意见》（XJZB-1101-1.0）对于本科教学质量保障工作的责任划分，西南交通大学本科教学质量保障体系分为三级：学校、教学单位、基层教学组织。学校为教学质量保障的评估主体，学术委员会授权教学质量保障工作委员会（以下简称"质工委"）全面主导学校层面的本科教学质量保障工作，主要对教学单位教学质量保障及专业、课程、毕业设计（论文）、实习实践、学生学习与发展五个环节进行评估；学校对教学单位本科教学工作的考评重点应放在内部教学质量保障体系的建设与运行上。

学院（中心）等教学单位为教学质量保障的责任主体，对学院（中心）实施年度教学评估，应构建符合实际的基层教学组织，指导并支持其建立健全内部教学质量保障体系，开展院级评估，接受校级及以上的各类评估，反馈评估结果，鼓励教师追求卓越。

基层教学组织为教学质量保障的工作主体，应建立并实施完善的专业及课程内部质量保障机制，保证专业及课程教学质量的不断提升。

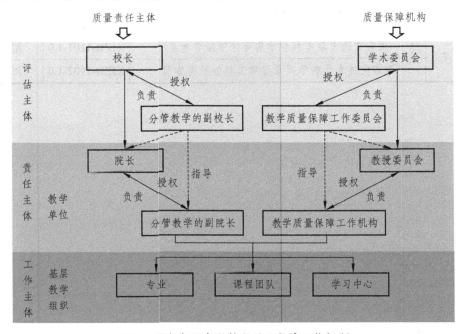

图 1　西南交通大学教学质量保障工作机制

（四）西南交通大学本科教学质量保障文件体系及编号规则

根据重构本科教学质量保障体系的思路与总体安排，西南交通大学将建立涵盖专业、课程、实习实践、毕业设计（论文）、学生学习与发展五个质量保障环节的本科教学质量保障体系文件框架。西南交大质工委负责将所有文件编制成本科教学质量保障工作手册，并分成概况、教学单位、专业、课程、实习实践、毕业设计（论文）等分册，同时对每个文件进行编号。

西南交通大学本科教学质量保障体系文件编号由 3 部分构成，各部分之间用"-"连接：

第一部分，采用"西交质保"拼音的首字母"XJZB"表明文件属性。

第二部分，由 4 位阿拉伯数字构成。第 1 位阿拉伯数字表明质量手册序号，"1"为概况，由总体性文件构成；"2"为教学单位，由教学单位本科教学年度考核相关文件构成；"3"为专业，由专业评估系列文件构成；"4"为课程，由课程评估系列文件构成；"5"为实习实践，由实习实践评估系列文件构成；"6"为毕业设计（论文），由毕业设计（论文）评估系列文件构成。第 2 位阿拉伯数字表明文件类型："1"为指导意见类文件；"2"为质量标准类文件；"3"为实施办法类文件；"4"为评估工具类文件，包括指标体系、问卷等；"5"为指导与解读类文件；"6"为报告模板类文件。第 3、4 位阿拉伯数字表明该文件在此类型中的序号。

第三部分，表明文件版本，用"1.0""2.0""3.0"等标注。

例如，《西南交通大学本科教学质量保障指导意见》作为总体性文件中"指导意见"类的第一个文件，目前为第一个版本，则其编号为"XJZB-1101-1.0"。

目前，西南交通大学本科教学质量保障体系总体性文件及其编号，见表 1。

表 1　西南交通大学本科教学质量保障体系总体性文件

文件类型	文件标题	文件编号	附录编号
指导意见	西南交通大学本科教学质量保障指导意见	XJZB-1101-1.0	附录 1-1
	西南交通大学教学质量保障工作委员会章程	XJZB-1102-1.0	附录 1-2

附录 1-1　西南交通大学本科教学质量保障指导意见（XJZB-1101-1.0）

编号	XJZB-1101
版本	1.0
生效日期	2015 年 6 月

西南交通大学

本科教学质量保障指导意见

目　录

西南交通大学一直致力于一流本科人才的培养，为实现这一目标，学校建立起明确严格的本科教学质量保障体系。本指导意见旨在通过采用西南交通大学的方法来评估和保障学校的本科教育教学质量，最终提高学生的学习成效。

一、本科教学质量保障原则

西南交通大学本科教学质量保障的原则为：

（1）全面性原则：立足现代全面质量管理理念，体现本科教学质量管理的全面性、全过程性和全员参与性。

（2）多样化原则：遵循高等教育多样性特征，形成多样化的质量观，建立多样化的质量标准。

（3）效率与效益原则：兼顾学校教育资源的使用效率和社会效益，建立可持续发展的本科教学质量保障体系。

（4）发展与问责导向原则：坚持发展导向与问责导向，确保本科教学质量保障各项工作的规范性和科学性，并实现持续改进。

二、本科教学质量保障责任

本科教学质量保障体系的建立是学校、教学单位、教师与学生共同的责任。为保证人才培养过程的高质量，建立健全学校本科教学质量保障体系，促进学校内部质量保障工作的良性运行，强化质量意识，不断提升本科教学水平和教学质量，学校、教学单位、教师与学生应全员参与本科教学质量保障：学校学术委员会负责学校教学质量保障学术标准的审定，同时授权学校教学质量保障工作委员会开展质量保障的过程实施；学校与教学单位管理者、其他校内服务人员致力于建设和提供良好的教育教学环境；教师有责任确保课程的设计、建设、实施以及评估能够促进学生有效学习；学生有责任全身心参与学习过程。

具体责任如下：

（一）学校层面

1. 校　长

校长是学校行政工作的主要负责人，在学校党委的领导下，贯彻党的教育方针，组织实施学校党委的有关决议，行使《中华人民共和国高等教育法》规定的各项职权，全面负责教学、科研、行政管理工作。校长是学校教学质量保障的第一责任人，在本科教学质量保障中的具体责任有：

（1）组织拟订和实施学校发展规划、基本管理制度、重要行政规章制度、重大教学科研改革措施、重要办学资源配置方案，组织制定和实施具体规章制度、年度工作计划；

（2）组织拟订和实施学校人才发展规划、重要人才政策和重大人才工程计划，负责教师队伍的建设；

（3）组织开展教学活动和科学研究，创新人才培养机制，提高人才培养质量，推进文化传承创新，服务国家和地方经济社会发展，把学校办出特色，争创一流；

（4）其他与学校教育教学相关的事宜。

2. 主管教学的副校长

主管教学的副校长在校长的授权下，在党委常委会和校长办公会议的领导下，负责学校学术政策的制定、管理和发展，负责学术规划的调整和实施。主管教学副校长对本科教育教学应承担的具体责任有：

（1）协助校长全面贯彻党和国家的教育方针和政策，认真执行上级教育行政部门关于学校教育工作的指示，按照教育教学规律，负责组织管理教学教研工作，处理教学日常行政工作；

（2）具体负责全校各学科执行教学计划和教学大纲的工作，部署并指导学校全局性的教学、教研、教务工作；

（3）协助校长制定教学、教研、教务以及相关部处各岗位职责条例和考核措施；

（4）协助校长做好教师队伍的配备工作及教学考核工作；

（5）深入学院及各基层教学组织，指导其教育教学工作并及时解决教学、教研、教务中的突出问题；

（6）其他与学校教育教学相关的事宜。

3. 教务处

教务处是学校本科教学和教务管理的职能部门，总体负责本科教学质量的监控、管理、检查和评估。教务处根据校长办公会议、学校学术委员会制定的相关政策以及实际工作需求，协调和沟通其他各部处及各学院共同做好本科教学质量保障工作。教务处应承担的具体责任有：

（1）组织修订本科专业人才培养方案，负责本科教学质量的监控、评价以及教学改革项目的立项及管理工作；

（2）组织推进本科教育各环节，包括专业、课程以及实习与实践等的建设及管理工作；

（3）组织和实施本科教学的质量评估和检查，负责本科教学信息化建设与管理工作；

（4）与教学相关的制度建设及其实施情况。

4. 学术委员会

西南交通大学学术委员会是校内最高学术机构，统筹学校所有学术事务的决策、审议、评定和咨询等工作。学校学术委员会通过审定学术质量的标准及考核办法、组织或授权专项学术组织对学校教学工作的评定等，实现对学校教育教学质量的评估与保障。

（1）本科教学工作委员会。

本科教学工作委员会是学校本科教学工作的学术决策和咨询机构，根据学校的委托开展学校本科教学的研究、咨询、指导、评估、服务等工作。本科教学的工作委员会是学校学术委员会的专项学术委员会之一，向学校学术委员会负责。具体责任有：

① 组织和开展本科教学领域的理论与实践研究；

② 就专业建设、课程建设、教材建设、教学实验室建设和教学改革等工作向学校提供咨询意见及建议；

③ 审定本科教育教学的建设和发展规划、本科教育教学改革项目、本科教学相关立项项目、本科专业培养方案和课程教学大纲等；

④ 评定本科教学有关的各类奖励；

⑤ 审议本科教学管理文件；

⑥ 指导本科教育教学改革、本科评估、专业评估与认证、本科学风建设等工作的开展。

（2）学校教学质量保障工作委员会。

学校教学质量保障工作委员会由学校学术委员会授权，在本科教学质量保障方面负有重要责任。具体责任为：

① 制定与学校教育教学质量相关的政策规定和评估实施程序，确定教学质量评估的方法和工具，与各单位展开合作，做好学校教育教学质量的评估、反馈和指导工作；

② 根据评估结果，做好信息反馈工作，提出改进建议并跟踪其持续改进情况；

③ 在学术委员会授权下，受理师生关于教育教学质量纠纷的投诉与申诉；

④ 编制并发布学校教育教学年度质量评估报告。

（二）教学单位层面

1. 院　长

院长是教学单位的主要行政负责人，受校长委托全面负责教学单位的各项事宜。院长是学院教学质量保障的第一责任人，在本科教学质量保障中具体责任为：

（1）对教学单位教学实行全面管理，确保教学工作在教学单位各项工作中的中心地位；

（2）根据社会对人才的需求，适时提出和更新教学单位人才培养目标、人才培养模式及人才培养远景规划；

（3）审定教学单位教学质量保障方案，确保教学质量保障体系的建立和正常运行；

（4）定期组织并系统性地实施对各个教学环节的评估，确保教学质量的自评、评估与审查程序的持续开展；

（5）针对教学单位教学质量，向学校学术委员会、学校教学质量保障工作委员会和其他相关委员会提供咨询和建议；

（6）充分调动教学单位的人力与物力资源，保障教学单位教学质量。

2. 教学副院长

教学副院长在院长的指导和授权下，负责本教学单位教学管理、教学改革和教学研究等工作，贯彻执行学校和学院关于教学方面的决定，保障教学单位教学的高质量运行。具体责任包括：

（1）在院长领导下，负责全院教学管理工作，并就教学单位教学的各个方面向院长提出建议；

（2）负责组织制订教学单位教学工作计划，并组织实施；

（3）组织全院性教学经验交流会，抓好教学评优工作，总结推广先进经验，树立优良教风、学风；

（4）负责学术、专业带头人和青年骨干教师的选拔与培养工作，负责全院教师的培训、进修计划的制订和落实工作，负责抓好师资队伍的建设；

（5）定期召开教务会议，及时解决本科教学中出现的重大问题；

（6）做好教学评估工作，检查上级教学计划在本单位的实施情况；

（7）针对学术和学生问题，负责组织开展本学院内、院际以及和其他机构之间的沟通与交流。

3. 学院教授委员会

学院教授委员会是教学单位学术决策和学术咨询的组织。学院教授委员会根据其章程，行使专业设置、学科建设、教师评聘、学术评价、教学指导等教学单位学术事项的评议职能，以促进和确保教学单位教育教学工作的高质量开展。学院教授委员会在本科教学质量保障方面的职责如下：

（1）审议教学单位教育教学发展战略及规划；

（2）审议教学单位师资队伍建设、人才培养与引进等事项；

（3）审定教学单位学科、专业的设置方案等；

（4）审定教学单位教学、科学研究等有关学术事项；

（5）其他需学院教授委员会决定和研究的有关教育教学的事项。

（三）基层教学组织

1. 专业责任教授

专业责任教授是专业教学质量保障的第一责任人，在院（系）的领导下，履行以下本科教学质量责任：

（1）根据学校定位、教育教学规律和市场导向，积极开展本专业建设的学术研究，深化本专业教育教学改革，拟订和落实本专业的发展规划；

（2）在国家相关专业规范及学校人才培养方案修订原则性意见等文件指导下，制定与修订本专业的培养方案，优化课程体系；

（3）落实本专业的教学执行计划；

（4）根据学校相关制度，实施本专业的质量保障工作（包括专业评价与课程质量保障等）；

（5）根据专业性质，组织开展专业认证（评估）；

（6）负责本专业教学资源建设工作，领导开展教学模式改革；

（7）协助学院做好本专业师资队伍的建设工作，提出本专业教师队伍建设的初步意见；

（8）提出本专业实验室建设方案，负责本专业实验室建设和实验教学。

2．课程责任教授

课程责任教授是课程教学质量保障的第一责任人，除了承担作为大学教学人员相应的责任，还应履行以下责任：

（1）制定并实施课程发展与建设规划，不断提升课程在学生通识教育、创新创业能力培养、专业支撑等方面的作用；

（2）组织课程教学，保证教学工作的正常有序进行；

（3）组织开展有效的教学研究与教学改革，开发相关教学资源（如纸质教材、数字化教材、网上资源开发等），利用教学资源进行课堂教学模式改革，开展研究式学习，培养学生的创新能力；

（4）建立并实施课程质量保障体系，根据课程标准，通过评价、反馈与改进，不断提升课程质量；

（5）制定并实施课程团队教学能力提升计划，通过教学研讨等手段，不断提升课程团队教师教学水平；

（6）完成学校与课程建设相关的其他工作。

3．学习中心责任教授

（1）完成本学习中心的规划与建设；

（2）制定中心中长期发展规划与年度工作规划并落实相关工作；

（3）研究并落实中心师资队伍的培养与培训；

（4）制定质量监控与保障相关规章制度，进行年度工作评价。

（四）教　师

任课教师在本科教学质量保障中的责任有：

（1）教风严谨，为人师表；

（2）与同事合作，确保所授课程能使学生取得预期学习效果，掌握毕业核心能力；

（3）不断改进教学方法，实现有效教学；

（4）开发高质量的课程和资源，在其学科领域最大限度地为学生提供指导；

（5）使用各种方法及时评估和反馈学生的学习情况，培养学生的独立学习能力和反思性学习能力；

（6）将学科最新前沿体现在教学内容中，最大限度地促进教学与科研的融合；

（7）支持学生的自我发展；

（8）通过反思、审查和评估自身教学，综合采用各种方法，提升自我学习能力。

（五）学　生

学生应明确其在大学教学实践与教学质量保障的主体地位，全身心投入学习，对自己的成长与发展负责，包括：

（1）主动参与学习，在学校与学院组织的教学活动中投入足够的时间和精力，高质量地完成大学学习，实现自身的成长与发展；

（2）对自身的学习、进步、成长与发展给予足够关注，注重自我规划、自我评价、自我激励与自我发展，成为对自我负责的学习者；

（3）向学校、学院和教师提供考虑充分、诚实、及时且具有建设性的反馈；作为学生代表，积极参与学校与学院的教学管理与质量评估工作。

三、本科教学质量保障体系总体架构

依据本科教学质量保障工作的责任划分，西南交通大学本科教学质量保障体系分为三级：学校、学院、基层教学组织。

（1）学校是教学质量保障的评估主体。学校学术委员会授权学校教学质量保障工作委员会（以下简称"质工委"），全面主导学校层面的本科教学质量保障工作：围绕学校办学目标及人才培养目标，制订本科教学质量保障总体方案及规划，主要对教学单位教学质量保障及课程、专业、毕业设计（论文）、实习实践、学生学习与发展五个环节进行评估、反馈与指导，并受理师生关于教育教学质量的投诉与申诉工作。学校对学院教学工作的考评重点应放在学院质量保障体系的建设与运行上。

（2）学院等教学单位是教学质量保障的责任主体。根据具体情况，一方面各教学单位应建立完善的内部质量保障体系，构建符合实际的基层教学组织，通过对基层教学组织的支持、管理、考核、反馈、指导，不断提升专业办学水平与课程教学质量；另一方面，各教学单位组织指导基层教学组织完成自评估，开展院级评估，接受校级及以上的各类评估，反馈评估结果，促进持续改进，鼓励教师追求卓越。

（3）基层教学组织是教学质量保障的工作主体。作为基层教学组织的专业与课程教学团队是质量保障的工作主体。基层教学组织应建立并实施完善的专业及课程内部保障机制，保证专业以及课程教学质量的不断提升。

四、本科教学校级评估三项任务

质工委重点推进的三项校级本科教学评估任务：

（一）教学单位本科教学工作年度考评

每个年度针对教学单位进行考评，考评包括入口与出口、培养过程、教学管理与运行、教学改革与业绩、教学服务、教学单位特色六个方面。

（二）本科专业校内评估

每个年度开展校内专业评估。重点放在生源情况、专业定位与培养目标、毕业要求、课程体系、师资队伍、培养效果、持续改进七个方面。

（三）校级教学团队评估

每个学期针对校级教学团队开展评估，为责任教授及骨干教师的评价以及教学奖励津贴的发放等提供依据。

五、本科教学校级评估五个环节

质工委在推进三项校级本科教学评估任务中，重点开展如下五个环节的评估：

（一）专业评估

专业评估重点在考察专业的生源情况、专业定位与培养目标、毕业要求、课程体系、师资队伍、培养效果、持续改进七个方面。

（二）课程评估

课程评估的内容包括教学目标与学习成果、教学内容与教学策略、课堂教学行为与效果、成绩评定与反馈、教学资源与学习支持五个方面。

（三）实习实践评估

实习实践评估的内容包括教学目标与学习成果、教学内容与教学策略、教学资源与学习支持、成绩评定与反馈、基地条件五个方面。

（四）毕业设计（论文）评估

毕业设计（论文）的评估内容包括教学目标与内容、成绩评定与反馈、学生学习成果、指导过程四个方面。

（五）学生学习与发展评估

学生学习与发展评估内容主要包括教学单位班导师工作情况、对本科生学习与发展的指导情况、本科生课外活动参加情况、对本科生的就业指导/职业生涯规划/心理辅导、学生参与学科竞赛/创新创业/科研训练/第二课堂项目情况、本科生深造率、本科生国际化、本科生学风建设与诚信教育等。

六、本科教学质量的持续改进

本科教学质量保障除了监控和评估外，更重要的环节是反馈信息和改进工作。通过监控和评估，学校能够及时发现和分析本科教学工作中存在的问题，而通过信息反馈学校则可以将收集的信息传递到各个教学环节点，使相关主体加以改进，最终实现学校本科教育教学质量的不断提高和本科教学质量保障体系的自我完善。

（一）评估结果的反馈原则

本指导意见中的各项评估内容都应遵循以下原则对各参与主体进行反馈：

1. 准确性原则

准确性原则是指在评估结果的反馈中，内容必须符合完整性、真实性和有效性的要求。

（1）完整性：反馈信息必须全面而充分，不得有重大遗漏，反馈信息的内容应遵循学校相关管理规定。

（2）真实性：反馈信息能客观反映实际情况并保证信息的客观性和公正性。

（3）有效性：反馈的信息是可利用的，是对学校在教育教学上的决策和相关主体的改进工作具有重要意义的。

2. 公开性原则

公开性原则是指在对评估结果反馈时，要把评估目的、评估实施方案、评估指标体系、评估标准、评估方法等评估所有程序向参评主体（包括院系、教师和学生）进行说明，以增加评估结果的透明度、信服度和科学性。同时，公开性原则还要求对评估结果实行不同程度的公开水平。

3. 及时性原则

及时性原则是指主持教学评估的主体应遵循一定的程序，快速地公开评估结果的信息，并保证信息处于最新的状态，以实现教育教学的持续改进。

（二）评估结果的应用

按照评估实施办法及评估流程，教学单位、专业和校级课程教学团队的评估结果分为三个等级：优秀、合格和不合格。

对教学单位年度考评的结果将直接作为教学单位年度教学绩效津贴分配的重要参考指标。

对专业建设评估的结果将作为学校对专业动态调整（包括专业生源名额、教学资源等的分配以及专业的退出）的主要依据。

对校级课程教学团队评估的结果将直接作为责任教授与骨干教师考核结果，并计入教学单位年度本科教学工作考评体系。年度考核不合格的课程团队，将提前终止团队内所有责任教授与骨干教师聘期，同时，团队所在教学单位年度本科教学工作不能评优。

所有评估结果将及时反馈给相关教学单位和专业，并会以年度教学质量白皮书的形式发布，在一定范围内公开。

（三）评估结果的持续改进

1. 评估结果改进组织

在本科教学质量保障体系总体架构下，西南交通大学本科教学质量持续改进工作分为三级整体推进：基层教学组织、教学单位、学校。

（1）基层教学组织是本科教学质量持续改进的工作主体。基层教学组织应根据最终评估结果，具体负责本专业以及课程的持续改进。

（2）教学单位是本科教学质量持续改进的责任主体。教学单位负责本单位教学质量评估结果的跟踪与改进工作。教学单位应根据实际需要，综合考虑，制定符合教学单位情况的本科教学持续改进方案。

（3）学校是本科教学质量持续改进的评价主体。学校教学质量保障工作委员会负责对学校组织的评估结果进行跟踪，制定总体的持续改进方案、组织实施，并为院系本科教学评估结果持续改进工作提供咨询、指导并开展检查。

2. 评估结果改进程序

（1）学校教学质量保障工作委员会完成三项校级评估的评估报告后向各教学单位反馈，同时提供评价结果咨询和指导。

（2）各教学单位根据评估报告提出的待改进问题，组织完成改进方案并向质工委提交，由质工委对改进方案进行审核。

（3）下一年度，各教学单位需针对改进情况提交改进进度报告，以便学校跟踪持续改进情况。

附录 1-2 西南交通大学教学质量保障工作委员会章程（XJZB-1102-1.0）

编号	XJZB-1102
版本	1.0
生效日期	2015 年 6 月

西南交通大学

教学质量保障工作委员会章程

第一章 总 则

第一条 为全面提高我校本科和研究生教育教学质量，促进学校内涵发展，依据《西南交通大学学术委员会章程（修订）》有关规定，结合我校实际，特成立西南交通大学教学质量保障工作委员会（以下简称"质工委"），为便于该委员会开展工作，制定本章程。

第二条 质工委是保障学校教育教学质量的工作机构，属于学校学术委员会的专项委员会之一，向学校学术委员会负责。质工委受学校学术委员会委托开展对学校教育教学质量的评估、反馈和指导工作，并受理师生关于教育教学质量的投诉与申诉。

第二章 组织与成员

第三条 质工委委员应是长期从事教育教学和教学管理工作的专家，应熟悉教育教学规律和人才培养工作，教育教学或教学管理等相关工作经验丰富，品行端正，热心教育事业且具有高度责任心。

第四条 质工委由 25 名委员组成，包括：

本科教学工作委员会委员 4 名；

研究生教学工作委员会委员 4 名；

非学术委员会专家 8 名（由教务处、研究生院推荐）；

学生委员 3 名（1 名来自本科生学生会、1 名来自研究生会、1 名为留学生代表）；

主管教学副校长；

教务处处长；

研究生院常务副院长；

学生处处长；

实验室及设备管理处处长；

教师发展中心常务副主任。

委员会设主任委员 1 名，副主任委员 2 名。

第五条 委员会下设 3 个分委会，由各位委员兼任，每位委员兼任的分委会不超过 2 个。其中：

本科教学质量保障分委会（12 名委员）；

研究生教学质量保障分委会（10 名委员）；

教学质量投诉与申诉分委会（3 名委员）。

第六条 主任委员通过质工委选举产生；副主任委员由主任委员提名，全体委员选举产生。分委会成员由主任会议提名，全体委员会议批准产生。

第七条　质工委委员有下列情形之一的，可经委员会半数以上委员同意，报请学校学术委员会主任会议批准，取消其委员资格，重新遴选：

（一）本人主动申请辞去委员职务的；

（二）本人因身体等原因连续半年以上不能参加委员会工作的；

（三）因其他原因不能或不宜担任委员职务的。

第八条　质工委委员空缺需增补时，参照本章程第四条规定办理。

第九条　质工委设秘书2名，分别来自教务处和研究生院，由主任聘任。

第十条　质工委下设办公室，挂靠学校教务处和研究生院，负责处理委员会的日常工作。

第三章　职　责

第十一条　质工委具体职责为：

（一）以学校整体办学目标和人才培养目标为前提，针对本科与研究生教学质量保障各环节（包括专业与学位点、课程、实习实践、学生学习与发展、毕业设计与学位论文等），制订相应的政策规定与评估实施程序，并为师生提供政策解读与指导；

（二）与各教学单位、学术委员会其他下属委员会、主管教学工作副校长、相关职能与业务部处合作，制订并发布适用于教学质量评估的定性与定量的方法工具。同时，推动、监管和审查这些评估方法工具的使用；

（三）与教务处和研究生院合作，积极推进专业与学位点的评估工作，并主导学校层面的评估过程；

（四）与教务处和研究生院合作，积极推进课程、实习、毕业设计、学位论文等评估工作，并主导学校层面的教学过程评价；

（五）与教务处和研究生院合作，参与制订教学单位年度教学工作考核指标与实施办法，主导其中针对教学单位教学质量保障工作的考核；

（六）将学校层面的教学质量考核评价结果向校学术委员会、学院、相关职能与业务部处反馈、提供改进建议，并持续跟踪其改进情况；

（七）在学校学术委员会授权下，负责受理师生关于教育教学质量纠纷的投诉与申诉；

（八）负责编制并发布学校教育教学年度质量报告。

第四章　工作机制

第十二条　质量评估事务开展。建立评估工作专家库，成员由教学单位推荐，质工委审批，其中校外专家不少于20%。各分委会根据分工，从专家库中组织若干专家及不少于1名分委会委员组成工作小组，定期开展教学单位、专业和校级教学团队三个层面的涵盖专业、课程、实习实践、毕业设计（论文）、学生学习与发展等5个环节的教学质量评估工作，并形成工作报告。

第十三条　日常管理工作事务实施。由主任会议与办公室共同推进质量保障工作实施。

第十四条　重大事项采用投票表决的方式决定，并实行少数服从多数的原则。投票表决须有2/3以上委员出席会议方为有效；超过出席会议委员人数2/3（不含）和应到委员人数1/2（含）的得票即为表决通过。

第十五条　对质工委作出的重大决定若有重大异议或分歧，在相应的异议期内，可由1/3以上委员联名提交委员会主任会议审议。经主任会议审议同意，提交学校学术委员会复议。学校学术委员会的复议决定为最终决定。

第五章　附　则

第十六条　修改本章程，须经学校质工委主任会议同意，并经委员会2/3以上委员通过，报学校学术委员会批准。

第十七条　本章程由学校质工委办公室负责解释。

第十八条　本章程自学校学术委员会批准之日起生效。

西南交通大学本科教学质量保障工作手册

西南交通大学教学质量保障工作委员会
西南交通大学教务处 编

教学单位

（第2册）

崔凯　尹帮旭　祝懿　编著

西南交通大学出版社
·成都·

图书在版编目（ＣＩＰ）数据

西南交通大学本科教学质量保障工作手册. 教学单位/
崔凯，尹帮旭，祝懿编著. —成都：西南交通大学出版
社，2018.12（2024.4 重印）
ISBN 978-7-5643-6653-7

Ⅰ. ①西… Ⅱ. ①崔… ②尹… ③祝… Ⅲ. ①本科 –
教学质量 – 保障体系 – 成都 – 手册　Ⅳ. ①G649.2-62

中国版本图书馆 CIP 数据核字（2018）第 290772 号

《西南交通大学本科教学质量保障工作手册》

编委会

目 录

教学单位本科教学工作年度考评主要是考察各教学单位建立的机制体制，采取措施以鼓励、帮助和支持老师不断改进教学，提升教学质量，进而追求教学卓越。

一、教学单位在本科教学质量保障中的地位和作用

依据《西南交通大学本科教学质量保障指导意见》（XJZB-1101-1.0）中对于本科教学质量保障工作的责任划分，西南交通大学本科教学质量保障体系分为3级：学校、教学单位、基层教学组织。学校是教学质量保障的评估主体，学术委员会授权教学质量保障工作委员会（以下简称"质工委"）全面主导学校层面的本科教学质量保障工作，主要对教学单位教学质量保障及专业、课程、毕业设计（论文）、实习实践、学生学习与发展5个环节进行评估；学校对教学单位本科教学工作的考评重点应放在内部教学质量保障体系的建设与运行上。学院（中心）等教学单位是教学质量保障的责任主体，对学院实施年度教学评估，构建符合实际的基层教学组织，指导并支持其建立健全内部教学质量保障体系，开展院级评估，接受校级及以上的各类评估，反馈评估结果，鼓励教师追求卓越。基层教学组织是教学质量保障的工作主体，应建立并实施完善的专业及课程内部质量保障机制，保证专业及课程教学质量的不断提升。

（一）学校质量保障工作委员会

质工委最重要的作用，就是通过评估教学单位质量保障体系的建设与运行情况，推动全校本科教学质量的不断提升。评估包括两个部分，一是专家通过审阅教学单位质量保障自评估报告及各种文档材料，访谈教学单位教学负责人、课程教师、学生、课程评估专家等，形成对教学单位教学质量保障情况的评估结果；二是每个学期（学年）对各教学单位部分专业、课程、实习实践、毕业设计（论文）、学生学习与发展等开展评估，形成评估结果。质工委工作的主要目标不是解决某一门课程或者某一本毕业设计（论文）中存在的问题，而是通过在评估中发现的问题考察学院的质量保障工作，进而推动教学单位建立起持续改进的质量保障机制。

（二）教学单位

学院（中心）等教学单位作为本科课程质量保障的责任主体，在本科教学质量保障体系中起承上启下的作用：一是构建适合教学单位实际的基层教学组织框架，为其发挥质量保障作用奠定组织基础；二是指导并支持专业、课程基层组织建立完善内部教学质量保障体系；三是实施专业、课程、实习实践、毕业设计（论文）、学生学习与发展院级评估，并提供持续改进意见；四是接受专业、课程、实习实践、毕业设计（论文）、学生学习与发展校级评估，并反馈校级评估结果，同时评估专业、课程、实习实践、毕业设计（论文）、学生学习与发展的改进情况；五是通过机制体制建设和氛围营造，鼓励教师努力追求教学卓越。

（三）基层教学组织

在我校三级教学质量保障体系框架中，基层教学组织是质量保障的工作主体，在教学质量保障方面发挥着最重要作用。基层教学组织工作的主要目标是建立并实施完善的专业及课程内部质量保障机制。基层教学组织要完成以下 3 个方面的质量保障工作：一是以通用质量标准为基础，根据学科、专业及课程自身特点，建立补充质量标准，服务于专业、课程建设和评估；二是逐步建立完善专业、课程的自评估方法，有效开展专业、课程自评估，及时发现专业、课程问题并提出改进建议；三是形成持续改进的闭环系统，即根据校级、院级以及自评估结果，不断改进教学，保证教学质量的不断提升。

二、教学单位本科教学工作年度考核内容（图 1）与考评方式

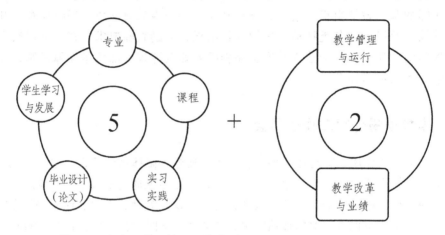

图 1　西南交通大学教学单位本科教学工作年度考核主要内容

质工委每个年度针对教学单位本科教学工作进行考评，指标体系包括入口与出口、培养过程、教学管理与运行、教学改革与业绩、教学服务、教学单位特色 6 个方面。

考评方法分成 3 类。第一类是数据统计，直接根据统计结果计算得到。第二类是专家评分，评分依据包括调阅自评估报告及各种文档材料，访谈教学单位教学负责人、课程教师、学生、课程评估专家等。第三类是抽评结果，即按比例抽取的专业、课程、毕业设计（论文）、实习实践、学生学习与发展的评估结果。

三、教学单位年度考核文件体系

目前，根据质量保障体系建设相关工作的总体部署，已完成包括考核办法、指标体系、自评估报告模板在内的 10 个文件，详见表 1。

表 1　西南交通大学教学单位本科教学年度考核系列文件

文件类型	文件标题	文件编号	附录编号
实施办法	西南交通大学教学单位本科教学工作年度考核办法	XJZB-2301-1.0	附录 2-1
评估工具（指标与问卷）	西南交通大学教学单位本科教学工作年度考核指标体系	XJZB-2401-1.0	附录 2-2
报告模板	西南交通大学教学单位本科教学年度报告（教学单位用）	XJZB-2601-1.0	附录 2-3
	西南交通大学教学单位本科课程质量保障自评估报告（教学单位用）	XJZB-2602-1.0	附录 2-4
	西南交通大学教学单位本科实习实践质量保障自评估报告（教学单位用）	XJZB-2603-1.0	附录 2-5
	西南交通大学教学单位本科毕业设计（论文）质量保障自评估报告（教学单位用）	XJZB-2604-1.0	附录 2-6
	西南交通大学教学单位学生学习与发展自评估报告（教学单位用）	XJZB-2605-1.0	附录 2-7
	西南交通大学教学单位本科教学年度反馈报告（质工委用）	XJZB-2606-1.0	附录 2-8
	西南交通大学教学单位本科课程质量保障评估报告（质工委用）	XJZB-2607-1.0	附录 2-9
	西南交通大学教学单位本科实习实践质量保障评估报告（质工委用）	XJZB-2608-1.0	附录 2-10
	西南交通大学教学单位本科毕业设计（论文）质量保障评估报告（质工委用）	XJZB-2609-1.0	附录 2-11

四、教学单位需提交的报告及时间点

（1）春季学期第 18 周：《西南交通大学教学单位本科教学年度报告（教学单位用）》（XJZB-2601-1.0）。

（2）秋季学期第 2 周：《西南交通大学教学单位本科实习实践质量保障自评估报告（教学单位用）》（XJZB-2603-1.0）。

（3）秋季学期第 2 周：《西南交通大学教学单位本科毕业设计（论文）质量保障自评估报告（教学单位用）》（XJZB-2604-1.0）。

（4）每学期第 3 周：《西南交通大学教学单位本科课程质量保障自评估报告（教学单位用）》（XJZB-2602-1.0）。

（5）春季学期第 14 周：《西南交通大学教学单位学生学习与发展自评估报告（教学单位用）》（XJZB-2605-1.0）。

五、质工委需反馈的评估报告及时间点

（1）春季学期第 20 周：《西南交通大学教学单位本科教学年度反馈报告（质工委用）》（XJZB-2606-1.0）。

（2）秋季学期第 4 周：《西南交通大学教学单位本科实习实践质量保障评估报告（质工委用）》（XJZB-2608-1.0）。

（3）秋季学期第 4 周：《西南交通大学教学单位本科毕业设计（论文）质量保障评估报告（质工委用）》（XJZB-2609-1.0）。

（4）每学期第 5 周：《西南交通大学教学单位本科课程质量保障评估报告（质工委用）》（XJZB-2607-1.0）。

附录 2-1　西南交通大学教学单位本科教学工作年度考核办法（XJZB-2301-1.0）

编号	XJZB-2301
版本	1.0
生效日期	2016 年 10 月

西南交通大学

教学单位本科教学工作年度考核办法

为加强我校本科教学工作，牢固确立教学工作的中心地位和本科教学的基础地位，强化教学管理，做好校级管理考核工作，不断深化教育教学改革，调动各教学单位在教学建设、教学改革、教学组织与管理中的积极性和主动性，促进本科教育教学质量的提高，制定本办法。

一、总体原则

（1）教学单位本科教学工作年度考核是西南交通大学本科教学质量保障体系的重要组成部分。以通过考核实施、结果反馈与成效评价，达到不断提升学校本科教学质量的目的。

（2）教学单位本科教学工作年度考核的核心内容是教学单位本科教学质量保障体系的建设与实施情况。考核结果一方面用于教学单位本科教学的发展性评价，支持教学质量的持续提升；一方面作为形成性评价，用于教学单位本科教学工作的评优与问责。

二、考核机构

（1）教学质量保障工作委员会（以下简称"质工委"）负责本科教学考核工作的指导与审查，并负责组织专家开展对教学单位的年度考核工作。

（2）考核工作具体包括：考核指标的制定、本科教学质量信息的采集、分析与总结、考核结果的发布与应用等。

三、考核内容及考核方式

（1）本科教学工作年度考核内容包括入口与出口、培养过程、教学管理与运行、教学改革与业绩、教学服务、教学单位特色项目6项指标，其中前5项总分为100分，特色项目得分根据年度创新性工作、专业评估与认证情况另行加分，加分累计不超过5分。

（2）本科教学工作年度考核采用统计数据、专家评分和抽样评价相结合的方式进行。

➤ 统计数据。

各教学单位和相关业务部门根据考核指标体系提供基本数据，并通过本科教学质量保障信息化平台完成数据的采集与评价。

➤ 专家评分。

各教学单位根据考核体系，参考引导性问题，撰写相关评估报告。教务处组织专家组对评估报告进行评分。

➤ 抽样评价。

质工委以专家组的方式，针对"培养过程"指标中的课程（【2-1】）、实习实践（【2-2】）和毕业综合训练（【2-3】）3个二级指标点，开展校级抽样评估。专家组基于各种证明材料，根据相应评价指标体系，对上述3个二级指标点进行综合评价。

四、考核程序

（1）教务处根据学校总体部署，按照人事处对各单位年度考核的具体要求，制定具体的本科教学年度考核安排，包括各教学单位通过本科教学质量保障信息化平台完成相关数据的填报及相关评估报告的提交等工作。

（2）考核按学年进行，年度考核期为上一年度的秋季学期开始至本年度春季学期结束（包含暑期实习）。

五、考核结果应用

（1）发生重大教学事故的单位不能获得评优资格。

（2）考核结果作为人事处对各教学单位进行年度工作考核的本科教学成绩。

六、附　则

（1）学校原有相关规定与本办法相抵触的，以本办法为准。

（2）本办法由学校授权教务处负责解释。

附录 2-2 西南交通大学教学单位本科教学工作年度考核指标体系（XJZB-2401-1.0）

编号	XJZB-2401
版本	1.0
生效日期	2015 年 6 月

西南交通大学

教学单位本科教学工作年度考核指标体系

西南交通大学教学单位本科教学工作年度考核指标体系

序号	一级指标点	二级指标点	评分方式	考核方式	分值	备注
1	入口与出口（7分）	[1-1] 吸引优秀生源制度措施及执行情况	专家评分	学院自评报告（含在年度报告中）	1	
		[1-2] 平均生源质量	统计数据	定量评价。每名学生高考总分（不包括加分）除以该生所在省高考满分值（文、理科）后得出标准分的平均分。计算公式： $$Q_{111}=\sum_{i=1}^{n}\frac{1}{n}\frac{S_i}{E_i}\times100$$ S_i 为学生高考分数，E_i 为该生高考满分值，n 为入学学生总数。计算近四年数据，取平均值。计算平均分时，不含国家特殊招收政策学生（如少数民族地区的少数民族学生）等。得分 = 学院值/最高学院值 × 分值	2	
		[1-3] 毕业生调查与持续改进	专家评分	学院自评报告（含在年度报告中）	2	
		[1-4] 就业率	统计数据	就业率 = 就业生人数/毕业生人数 得分 = 就业率 × 分值	2	
2	培养过程（56分）	[2-1] 课程（16分） [2-1-1] 课程教学质量评价	抽样评价	课程评价（含执行大纲评估）得分 = 学院值/最高学院值 × 分值	12	每年抽样 25%
		[2-1-2] 课程质量保障体系建设与实施	专家评分	教学单位本科课程质量保障自评估报告 得分 = 学院值/最高学院值 × 分值	4	
		[2-2] 实践（15分） [2-2-1] 实习环节教学质量评价	抽样评价	实践教学评价（含在年度报告中）质量保障自评估报告 得分 = 学院值/最高学院值 × 分值	5	含实习计划、具体实习实现情况、实习总结及基地建设

续表

序号	一级指标点	二级指标点	评分方式	考核方式	分值	备注
2	培养过程（56分）	【2-2】实习实践（15分）【2-2-2】实习环节质量保障体系建设与实施	专家评分	教学单位本科实习实践质量保障自评估报告	3	
		【2-2-3】学生参与学科竞赛、科研创业（SRTP、国创、省创）（第二课堂、第三课堂）	统计数据	获奖人数=国家级一等奖×5.0+国家级二等奖×4.0+国家级三等奖×3.0+省级一等奖×2.0+省级二等奖×1.0+校级一等奖×1.0+校级二等奖×0.7 得分=Min（获奖人数/学生总数，1）×分值	4	有等级的进行分级，没有等级的无需分级
		【2-2-4】教学单位组织学科竞赛、创新创业活动或项目	统计数据	分值=国家级×3.0+省级×2.0+校级×1.0 得分=学院值/最高学院值×分值	3	【2-2-3】和【2-2-4】不重复计算
		【2-3】毕业综合训练（10分）【2-3-1】毕业设计（论文）训练等质量	抽样评价	按评价指标抽样（含开题、中期检查、答辩等环节）得分=学院值/最高学院值×分值	7	每年抽样10%
		【2-3-2】持续改进情况（质量保障体系建设与实施）	专家评分	教学单位本科毕业设计（论文）质量保障自评估报告	3	
		【2-4】学生（15分）【2-4-1】深造率	统计数据	深造率=深造人数/毕业人数 得分=学院值/最高学院值×分值	3	
		【2-4-2】班导师	专家评分	自评估报告（含在各年度报告中）	3	
		【2-4-3】学习与发展指导	统计数据	自评估报告（含各年度报告中）	3＋3	
		【2-4-4】英语四级通过率	统计数据	大一学生一次通过率（通过人数/大一学生总人数）（不计算英语专业）得分=学院值/最高学院值×分值	3	
		【2-4-5】国际化	统计数据	出国学生比例值=（出国出境交流人次数/学生总人数）得分=（学院值/最高学院值）×分值	3	

续表

序号	一级指标点	二级指标点	评分方式	考核方式	分值	备注
3	教学管理与运行（19分）	[3-1] 教授上课情况	统计数据	$得分 = \dfrac{学年课时不少于32学时的教授人数}{教授总数} \times 分值$	3	
		[3-2] 专业基础课及专业课教学班规模	统计数据	$得分 = Min\left(\dfrac{1.5a+1.2b+c+0.8d}{a+b+c+d}, 1\right) \times 分值$ a：不超过35人教学班数；b：36～68人教学班数；c：69～100人教学班数；d：100人以上教学班数。	2	
		[3-3] 教学运行情况	专家评分及统计数据	自评报告及学校评估（含在年度报告中）	6	
		[3-4] 基层教学组织、校级教学团队建设	专家评分	自评报告（含开设的申报，并含在年度报告中）	3	
		[3-5] 教学研讨、教学培训、教学类竞赛参与情况	统计数据	教学研讨、教学培训：S_1 =（参与次数与人次数×分值）教学类竞赛：S_2 =（参与人次/要求参与人次×分值/2）得分 = $S_1 + S_2$	3	
		[3-6] 教学单位教学期中检查（两个学期）	专家评分	秋季学期提交教学总结，春季学期教学期中检查报告在年度报告中	2	
4	教学改革与业绩（15分）	[4-1] 校级（含）以上教改项目	统计数据	学院数量=国家级教改×3.0+省级教改×2.0+校级教改×1.0 得分=学院数量/最高学院数量×分值	2	

续表

序号	一级指标点	二级指标点	评分方式	考核方式	分值	备注
4	教学改革与业绩（15分）	[4-2] 校级（含）以上教学获奖	统计数据	学院数量=国家级一等奖×5.0+国家级二等奖×4.0+国家级三等奖×3.0+省级一等奖×3.0+省级二等奖×2.0+省级三等奖×1.0+校级一等奖×1.0+校级二等奖×0.7 得分=学院数量/最高学院数量×分值	2	
		[4-3] 校级（含）以上课程建设项目	统计数据	学院数量=国家级×3.0+省级×2.0+校级×1.0 得分=学院数量/最高学院数量×分值	2	
		[4-4] 校级（含）以上教材建设项目	统计数据	学院数量=国家级×3.0+省级×2.0+校级×1.0 得分=学院数量/最高学院数量×分值	2	
		[4-5] 发表教改论文	统计数据	学院数量=CSSCI论文×2.0+普通论文×1.0 得分=学院数量/最高学院数量×分值	2	
		[4-6] 培养模式创新、特色及其他	专家评分	自评报告（含年度报告中）	5	
5	教学服务类（3分）	[5-1] 学院对学校及教务处组织的教学服务类活动的参与度	统计数据	按年度参与情况综合评分。得分=Min（参与人次数/要求参与人次数，1）×分值	3	
6	特色（最多不超出5分）	[6-1] 创新性工作				
		[6-2] 专业评估和认证				

指标项释义：

【1-2】平均生源质量：每名学生高考总分（不包括加分）除以该生所在省高考满分值（文、理分科）后得出标准分的平均值，以近 4 年数据取平均值。计算平均分时，不含国家特殊政策招收学生（如少数民族地区的少数民族学生、自主招生、贫困地区专项等）。

【1-4】就业率：

就业人数除以下情况外，还包括已经领取就业报到证、定向委培回原单位、师范类院校回来源地、自主创业等应届毕业学生的总人数。填报时间截止学年 8 月 31 日。

➢ 政府机构：指在中央和地方行政、司法等机关就业的毕业学生人数。

➢ 事业单位：指在事业单位就业的毕业学生人数。事业单位，指政府行政主管部门或者政府职能部门所辖的公益性单位和非公益性职能部门等。

➢ 企业：指在国家所有的企业单位或中外合资经营企业、中外合作经营企业、外资企业 3 类外商投资企业，以及民营企业就业的毕业学生人数。

➢ 部队：指应征入伍的毕业学生人数。

➢ 参加国家地方项目就业：指参加国家或地方支边、支农、支教、支医、支援西部、扶贫、选调生、选聘生（大学生村官）等项目的毕业生人数。

➢ 升学：指继续攻读高一级学位的毕业学生人数。

➢ 灵活就业：指以非全日制、临时性、季节性、弹性工作等灵活多样形式实现就业。

➢ 其他：指自己创造就业岗位、自营职业及不隶属于任何组织或单位、从事独立工作的毕业学生人数。

注：以上类别不重复统计。声明不就业的毕业生属于未就业，不计入就业总数中。

毕业生人数指学年度结束时，院（系）应届毕业生取得毕业证书的当年实际毕业的学生人数。

【2-1-1】课程教学质量评价：每年随机抽取一定比例的课程，按照课程评估的要求进行评价，并以抽取课程的评估结果代表所在开课单位的课程教学质量。以评估结果最好的单位得分作为基数计算每个单位的得分值，计算方法：

得分 = 课程评估得分/课程评估最高得分 × 本项指标的分值。

【2-2-1】实习环节教学质量评价：每年抽取一定比例的实习队伍，按照实习实践评价的要求进行评价，并以抽取实习队伍的评估结果代表所在单位的实习效果。以评估结果最好的单位得分作为基数计算每个单位的得分值，计算方法：

得分 = 实习实践评估得分/实习实践评估最高得分 × 本项指标的分值。

【2-2-3】学生参与学科竞赛、创新创业、科研训练（SRTP、国创、省创）（第二课堂、第三课堂）：得分 = Min（获奖人数/学生总数，1）× 本项分值，即"获奖人数/学生总数"与"1"中较小的数值乘以本项分值。

获奖人数指本单位学生获得校级及以上奖励，并按获奖等级折算为相应的人次数后，本单位获奖的总人次数。

学生总数指本单位在校学生的总人数。

获奖等级含国家级和省部级的一等奖、二等奖、三等奖，校级为一等、二等奖。国际级竞赛等同于国家级，全国性行业协会主办赛事等同于省部级；特等奖列为一等奖范畴。

科研训练（SRTP、国创、省创）（第二课堂、第三课堂）等项目计算参与人数与本单位学生总人数的比例。

【2-2-4】教学单位组织学科竞赛、创新创业活动或项目：教学单位组织的项目按等级折算为对应的次数后，以单位最高值作为基数计算本单位得分，计算方法：得分＝（得分/最高得分）×本项分值。

【2-3-1】毕业设计（论文）、训练等质量：每年抽取一定比例的毕业设计（论文），按照评估要求进行评价，并以抽取毕业设计（论文）的评估结果代表所在单位的毕业设计（论文）的效果。以评估结果最好的单位得分作为基数计算每个单位的得分值，计算方法：得分＝毕业设计（论文）评估得分/毕业设计（论文）评估最高得分×本项指标的分值。

【2-4-1】深造率：

深造人数：指上学年度结束时，应届毕业生（即上学年具有学籍的应届学生学完教学计划规定的全部课程，考试及格，取得毕业证书，当年实际毕业的学生）升学情况。

➢ 免试推荐研究生：指应届本科毕业生中免试推荐或保送研究生的人数。

➢ 考研录取：指应届本科毕业生中考取研究生的人数。

➢ 出国（境）留学：指应届本科毕业生中到国外或境外（港澳台）学习的人数。

毕业生人数：应届毕业生总人数。

【2-4-4】英语四级通过率：四级通过率＝通过人数/学生人数（不含英语专业学生）。

通过人数指本单位大一学生通过英语四级考试的总人数。

学生人数指本单位大一学生的总人数。

【2-4-5】国际化：

出国出境交流人次数指本单位学生出国出境交流的总人次数。

学生总人数指本单位在校生的总人数。

【3-1】教授上课情况：

授课教授人数指本单位所授本科生课时不少于 32 学时的在职教授人数（不包括实习、毕业设计、竞赛指导等）。

教授总数指本单位在职的具有教授职称的总人数。

【3-2】专业基础课及专业课教学班规模：

专业基础课及专业课指由本单位开设的专业基础课及专业课。

教学班规模指该教学班的上课人数。

【3-5】教学研讨、教学培训、教学类竞赛参与情况：

教学研讨、教学培训指由学校及以上相关单位组织的教学研讨、培训。

教学类竞赛指由学校及以上相关单位组织的教学类竞赛。

【4-1】校级（含）以上教改项目：

教改项目指由学校及以上相关单位批准立项的教学研究与改革项目，立项数量按项目等级折算后累加。

【4-2】校级（含）以上教学获奖：

教学获奖指由学校及以上相关单位组织的教学类项目（教学成果奖、唐立新教学类奖等），获奖数量按获奖等级折算后累加。

【4-3】校级（含）以上课程建设项目：

课程建设项目指由学校及以上相关单位批准立项建设的课程类项目（含新生研讨课、通识课、精品课、视频公开课、资源共享课、MOOC 等），项目数量按项目等级折算后累加。

【4-4】校级（含）以上教材建设项目：

教材建设项目指由学校及以上相关单位批准立项建设的教材类项目（含规划教材、数字教材等），每个教材须提供 ISBN 号和出版社，项目数量按项目等级折算后累加。

【4-5】发表教改论文：

教改论文指发表的与教改项目相关的论文，论文数量按刊物等级折算后累加。

【5-1】学院对学校及教务处组织的教学服务类活动的参与度：

教学服务类活动指教务处组织的各类评估活动、各类评奖评优、各类评审等项目与活动。

附录 2-3　西南交通大学教学单位本科教学年度报告（教学单位用）（XJZB-2601-1.0）

编　号	XJZB-2601
版　本	1.0
生效日期	2016 年 10 月

西南交通大学

教学单位本科教学年度报告

（教学单位用）

教学单位：＿＿＿＿＿＿＿＿＿＿＿＿＿＿＿＿

完成日期：＿＿＿＿＿＿＿＿＿＿＿＿＿＿＿＿

教学单位应对《西南交通大学教学单位本科教学工作年度考核指标体系》（XJZB-2401-1.0）中考核方式为学院自评报告（含年度报告）的所有指标点进行自我评估，形成教学单位本科教学年度报告。建议可以通过回答如下9个方面的问题提供相关支撑材料，完成自评估。

1. 针对指标点"【1-1】吸引优秀生源制度措施及执行情况"，回答以下问题：

问题1：在吸引优秀生源制度方面做了哪些工作（描述相应的制度与措施）？效果如何？
问题2：生源数量与质量方面存在什么问题？如何改进？

2. 针对指标点"【1-3】毕业生调查与持续改进"，回答以下问题：

问题1：是否对毕业生开展调查，并对毕业要求达成进行分析？分析结果如何进行反馈？如何应用于培养方案的持续改进，以及如何持续提高教学质量？
问题2：毕业生对教学单位的满意度如何？毕业5年内与5年后的发展有何显著变化？用人单位对毕业生的满意度如何？

3. 针对指标点"【2-4-2】班导师"，回答以下问题：

问题1：是否建立了针对班导师的相关制度与措施？效果如何？本科生导师工作开展的有效性如何？包括导师管理机制、激励措施、导师对学生的学业辅导情况如何？
问题2：在班导师建设与实施方面存在什么问题？如何改进？

4. 针对指标点"【2-4-3】学习与发展指导"，回答以下问题：

问题1：是否建立了针对学生学习与发展指导的相关制度与措施？效果如何（如教学单位给学生提供学习与发展指导的渠道、指导方式、指导频度、受益人数情况等）？
问题2：如何对学生在整个学习过程中的表现进行跟踪、评估与反馈的？效果如何？
问题3：是否有专门针对学习困难学生的指导与支持的制度与措施？效果如何？
问题4：如何吸引和激励教师积极参与学生的学习与发展指导工作？参与面与参与程度如何？
问题5：学生对学院提供的学习与发展指导的具体评价如何？
问题6：在学生学习与发展指导方面存在什么问题？如何改进？

5. 针对指标点"【3-3】教学运行情况"，回答以下问题：

问题1：教学环节、教学材料、教学资源、教学考核等全过程运行情况如何？
问题2：专业建设情况如何？开展的专业自评自建工作如何？

6. 针对指标点"【3-4】基层教学组织、校级教学团队建设"，回答以下问题：

问题1：是否有针对基层教学组织、校级教学团队建设的机制？
问题2：基层教学组织、校级教学团队建设的运行情况和成果如何？

7. 针对指标点"【3-6】教学单位期中教学检查（两个学期）"，对春季学期教学期中检查情况进行书面总结，并回答以下问题：

问题1：是否有教学检查的机构和机制？是否对本单位的本科教育教学进行了有效监控、检查和总结？

问题2：对课程资源及课堂教学检查情况如何？是否对实践教学、毕业设计（论文）进行检查和总结？

问题3：是否对教师教育教学水平、教师教学投入和敬业精神、教师发展与服务，特别是教授为本科生上课等情况进行重点检查？

8. 针对指标点"【4-6】培养模式创新、特色及其他"，回答以下问题：

问题1：在人才培养模式、教学内容与课程体系、教学方法与手段、教学管理等方面的改革思路是什么？

问题2：是否有切实可行的教学改革规划和具体实施方案？效果如何？

问题3：是否有激励和促进师生积极参与教学改革研究与实践的政策与措施？效果如何？

问题4：形成了哪些特色项目，影响如何？

问题5：在培养模式创新、特色及其他制度建设与实施方面存在什么问题？如何改进？

9. 针对指标点"【6-1】创新性工作"，回答以下问题：

问题1：学院在本科人才培养方面有哪些创新性举措？效果如何？

附录 2-4　西南交通大学教学单位本科课程质量保障自评估报告（教学单位用）
（XJZB-2602-1.0）

编号	XJZB-2602
版本	1.0
生效日期	2016 年 10 月

西南交通大学教学单位

本科课程质量保障自评估报告

（教学单位用）

教学单位：＿＿＿＿＿＿＿＿＿＿＿＿＿＿＿＿

完成日期：＿＿＿＿＿＿＿＿＿＿＿＿＿＿＿＿

教学单位应对《西南交通大学教学单位本科教学工作年度考核指标体系》（XJZB-2401-1.0）中指标点【2-1-2】提到的课程质量保障体系建设与实施进行自我评估，形成教学单位本科课程质量保障自评估报告。建议可以通过回答如下 4 个方面的问题，提供相关支撑材料，完成自评估。

问题 1：现行的教学质量保障体系运行模式与机制在教学工作开展中效果如何？质量保障的组织、制度与人员落实情况如何？

问题 2：采用什么样的标准、指标、步骤评估课程？整个学期评估了多少课程？哪些人参与评估？评估结果如何？评估结果是否反馈，如何反馈？

问题 3：对于上一轮校级、院级评估所反馈的问题和建议，教学单位所提出的改进计划如何？

问题 4：根据改进计划，上次开课课程的改进成效如何？

附录 2-5　西南交通大学教学单位本科实习实践质量保障自评估报告（教学单位用）
（XJZB-2603-1.0）

编号	XJZB-2603
版本	1.0
生效日期	2016 年 10 月

西南交通大学教学单位

本科实习实践质量保障自评估报告

（教学单位用）

教学单位：＿＿＿＿＿＿＿＿＿＿＿＿＿＿＿＿

完成日期：＿＿＿＿＿＿＿＿＿＿＿＿＿＿＿＿

西南交通大学教学单位本科实习实践质量保障自评估报告

一、学院实习总体情况					
实习队总数		参加实习学生总数		指导教师总数	
经费预算总额（元）		生均实习经费（元）			

二、实习具体情况

序号	实习队名称	课程代码及教学班号	实习地点	参加学生数	指导教师	考核评价结果

三、围绕《西南交通大学教学单位本科教学工作年度考核指标体系》（XJZB-2401-1.0）中指标点【2-2-2】提到的实习环节质量保障体系建设与实施进行自我评估

建议可以通过回答如下 4 个方面的问题，提供相关支撑材料，完成自评估。

问题 1：如何保障实习实训、实践环节的教学效果？是否有针对实习环节的质量标准和管理办法？

问题 2：采取了哪些措施保证实习环节能够达成专业毕业要求？

问题 3：如何对实习进行评估？评估的标准与过程如何？哪些人参与评估？覆盖率如何（如果不是全部覆盖，是如何抽取的）？评估结果如何？发现了哪些问题？评估结果是如何进行反馈的？

问题 4：针对上一年度学校、教学单位在实习评估中反馈的问题，本年度是如何改进的？改进成效如何？

附录 2-6　西南交通大学教学单位本科毕业设计（论文）质量保障自评估报告（教学单位用）（XJZB-2604-1.0）

编号	XJZB-2604
版本	1.0
生效日期	2016 年 10 月

西南交通大学教学单位本科毕业设计（论文）

质量保障自评估报告

（教学单位用）

教学单位：＿＿＿＿＿＿＿＿＿＿＿＿＿＿＿

完成日期：＿＿＿＿＿＿＿＿＿＿＿＿＿＿＿

教学单位应对《西南交通大学教学单位本科教学工作年度考核指标体系》（XJZB-2401-1.0）中指标点【2-3-2】提到的毕业综合训练持续改进情况（质量保障体系建设与实施）进行自我评估，形成教学单位本科毕业设计（论文）质量保障自评估报告。建议可以通过回答如下5个方面的问题，提供相关支撑材料，完成自评估。

问题1：是否有针对毕业设计的质量标准、管理办法？

问题2：如何保障毕业设计（论文）体现综合训练，符合培养目标的要求，符合专业实际？

问题3：在开题、中期检查、答辩等环节，采取了哪些措施，保证毕业设计环节能够达成专业毕业要求？

问题4：如何对毕业设计（论文）进行评估？评估的标准与过程如何？哪些人参与评估？共评估了多少本论文？覆盖率如何（如果不是全部覆盖，是如何抽取的？）评估结果如何？发现了哪些问题？评估结果是如何进行反馈的？

问题5：针对上一年度学校、教学单位毕业设计评估中反馈的问题，本年度是如何改进的？改进成效如何？

附录 2-7　西南交通大学教学单位学生学习与发展自评估报告（教学单位用）
（XJZB-2605-1.0）

编号	XJZB-2605
版本	1.0
生效日期	2016 年 10 月

西南交通大学教学单位

学生学习与发展自评估报告

（教学单位用）

教学单位：_____

完成日期：_____

教学单位应对学院学生学习与发展的情况进行自我评估，形成自评估报告。建议可以通过回答或说明如下7个方面的问题，提供相关支撑材料，完成自评估。

教学单位也可结合学院实际情况，设置补充问题，并进行详细说明。

1. 针对"班导师"，回答以下问题：

问题1：是否建立了针对班导师的相关制度与措施？效果如何？本科生导师工作开展的有效性如何？导师管理机制、激励措施、导师对学生的学业辅导情况如何？
问题2：在班导师建设与实施方面存在什么问题？如何改进？

2. 针对"学习与发展指导"，回答以下问题：

问题1：是否建立了针对学生学习与发展指导的相关制度与措施？效果如何（如教学单位给学生提供学习与发展指导的渠道、指导方式、指导频度、受益人数情况等）？
问题2：如何对学生在整个学习过程中的表现进行跟踪、评估与反馈？效果如何？
问题3：是否有专门针对学习困难学生、学业预警学生的指导与支持制度与措施？效果如何？
问题4：如何吸引和激励教师积极参与学生学习与发展指导工作？参与面与参与程度如何？
问题5：学生对学院提供的学习与发展指导的具体评价如何？
问题6：在学生学习与发展指导方面存在什么问题？如何改进？

3. 针对"学生课外活动、就业指导、心理辅导、职业规划"，回答以下问题：

问题1：是否建立了针对学生课外活动、就业指导、心理辅导、职业规划的相关制度与措施？效果如何（如教学单位给学生提供上述活动和指导的渠道、方式、频度、经费支持、受益人数情况等）？
问题2：如何对学生的上述活动和指导的质量进行跟踪、评估与反馈？效果如何？
问题3：学生对学院提供的上述活动和指导的具体评价如何？
问题4：在学生上述活动和指导建设与实施方面存在什么问题？如何改进？

4. 针对教学单位本科生参与学科竞赛、创新创业、科研训练（SRTP、国创、省创）、第二课堂项目等情况，回答以下问题：

说明：教学单位需对学院本科生参与学科竞赛、创新创业的人数和获奖情况以及参与科研训练（SRTP、国创、省创）、第二课堂项目等的人数进行说明：

➤ 学科竞赛、创新创业获奖人数指本单位学生获得校级及以上奖励，并按获奖等级折算为相应的人次数后，本单位获奖的总人次数。获奖等级含国家级和省部级的一等奖、二等奖、三等奖，校级为一等奖、二等奖。国际级竞赛等同于国家级，全国性行业协会主办赛事等同于省部级；特等奖列为一等奖范畴。

➤ 科研训练（SRTP、国创、省创）等项目计算参与人数与本单位学生总人数的比例。

> 学生总数指本单位在校学生的总人数。

问题1：教学单位如何鼓励和支持本科生参与学科竞赛、创新创业与科研训练项目的？

5. 针对教学单位本科生"深造率"，回答以下问题：

说明：本科生"深造率"指教学单位内深造人数与毕业生人数的比值。毕业生人数指应届毕业生（指上学年具有学籍的应届学生学完教学计划规定的全部课程，考试及格，取得毕业证书，当年实际毕业的学生）总人数，深造人数指上学年结束时，应届毕业生升学情况。包括：

> 免试推荐研究生：指应届本科毕业生中免试推荐或保送研究生的人数。
> 考研录取：指应届本科毕业生中考取研究生的人数。
> 出国（境）留学：指应届本科毕业生中到国外或境外（港澳台）学习的人数。

问题1：教学单位如何鼓励和支持学生进一步深造的？

6. 针对教学单位本科生"国际化"，回答以下问题：

说明：本科生"国际化"指教学单位内出国出境交流人次数与学生总人数的比值。

> 出国出境交流人次数指本单位学生出国出境交流的总人次数。
> 学生总人数指本单位在校生总人数。

问题1：教学单位如何提高本科教学国际化水平，提升学生国际化视野？

7. 针对教学单位本科生学风建设与诚信教育，回答以下问题：

问题1：教学单位采取了哪些措施提升本科生学风、考风建设？如何对学生开展学术诚信教育？

附录 2-8 西南交通大学教学单位本科教学年度反馈报告（质工委用）（XJZB-2606-1.0）

编号	XJZB-2606
版本	1.0
生效日期	2016 年 10 月

西南交通大学

教学单位本科教学年度反馈报告

（质工委用）

教学单位：＿＿＿＿＿＿＿＿＿＿＿＿＿＿＿＿

完成日期：＿＿＿＿＿＿＿＿＿＿＿＿＿＿＿＿

一、本科教学年度工作最突出优点

请简单描述与其他教学单位相比，本教学单位在本年度本科教学工作中给您印象深刻的优点。

二、本科教学工作中存在的主要问题

（1）吸引优秀生源制度措施及执行；
（2）毕业生调查与持续改进措施；
（3）班导师；
（4）学习与发展指导；
（5）教学运行情况；
（6）基层教学组织、校级教学团队建设；
（7）中期教学检查；
（8）培养模式创新、特色及其他。
请针对上述 8 个方面发现的问题，分别进行阐述。

三、改进意见、建议

请明确写出若干条改进意见、建议，作为教学单位本科教学工作持续改进情况的主要依据。

附录 2-9 西南交通大学教学单位本科课程质量保障评估报告（质工委用）（XJZB-2607-1.0）

编号	XJZB-2607
版本	1.0
生效日期	2016 年 10 月

西南交通大学教学单位

本科课程质量保障评估报告

（质工委用）

教学单位：_____

完成日期：_____

一、课程质量保障体系的优点

请简单描述与其他教学单位相比，本教学单位在课程质量保障体系建设与实施中给您印象深刻的优点。

二、课程质量保障体系建设与实施中存在的主要问题

三、改进意见、建议

请明确写出若干条改进意见、建议，作为教学单位课程质量保障体系持续改进情况的主要依据。

附录 2-10　西南交通大学教学单位本科实习实践质量保障评估报告（质工委用）
（XJZB-2608-1.0）

编　号	XJZB-2608
版　本	1.0
生效日期	2016 年 10 月

西南交通大学教学单位

本科实习实践质量保障评估报告

（质工委用）

教学单位：＿＿＿＿＿＿＿＿＿＿＿＿＿＿＿＿

完成日期：＿＿＿＿＿＿＿＿＿＿＿＿＿＿＿＿

一、实习实践质量保障体系的优点

请简单描述与其他教学单位相比，本教学单位在实习实践质量保障体系建设与实施中给您印象深刻的优点。

二、实习实践质量保障体系建设与实施中存在的主要问题

三、改进意见、建议

请明确写出若干条改进意见、建议，作为教学单位实习实践质量保障体系持续改进情况的主要依据。

附录 2-11　西南交通大学教学单位本科毕业设计（论文）质量保障评估报告（质工委用）（XJZB-2609-1.0）

编号	XJZB-2609
版本	1.0
生效日期	2016 年 10 月

西南交通大学教学单位

本科毕业设计（论文）质量保障评估报告

（质工委用）

教学单位：＿＿＿＿＿＿＿＿＿＿＿＿＿＿

完成日期：＿＿＿＿＿＿＿＿＿＿＿＿＿＿

一、毕业设计（论文）质量保障体系的优点

请简单描述与其他教学单位相比，本教学单位在毕业设计（论文）质量保障体系建设与实施中给您印象深刻的优点。

二、毕业设计（论文）质量保障体系建设与实施中存在的主要问题

三、改进意见、建议

请明确写出若干条改进意见、建议，作为教学单位毕业设计（论文）质量保障体系持续改进情况的主要依据。

西南交通大学本科教学质量保障工作手册

西南交通大学教学质量保障工作委员会
西南交通大学教务处 编

专 业

（第3册）

朱志武　冷伟　胡赛明　编著

西南交通大学出版社
·成都·

图书在版编目（ＣＩＰ）数据

西南交通大学本科教学质量保障工作手册. 专业 / 朱志武，冷伟，胡赛明编著. —成都：西南交通大学出版社，2018.12（2024.4 重印）

ISBN 978-7-5643-6653-7

Ⅰ. ①西… Ⅱ. ①朱… ②冷… ③胡… Ⅲ. ①本科 – 教学质量 – 保障体系 – 成都 – 手册 Ⅳ. ①G649.2-62

中国版本图书馆 CIP 数据核字（2018）第 290786 号

《西南交通大学本科教学质量保障工作手册》

编委会

主　　　编：冯晓云

副 主 编：郝　莉　　崔　凯　　朱志武

编　　　委：代　宁　　刘朝晖　　张国正　　姬晓旭　　张长玲

　　　　　　冷　伟　　卫飞飞　　李静波　　王克贵　　尹帮旭

　　　　　　丁　蔓　　祝　懿　　徐　凌　　翟　旭　　雷　霁

　　　　　　胡赛明

本册作者：朱志武　　冷　伟　　胡赛明

目　录

专业建设是高校内部质量保障的基础。专业评估的目的在于强调专业人才培养质量和专业自身发展，一方面关注专业教学是否满足学生毕业后进入该领域从事专业工作的要求，另一方面保持专业自身发展的规范性和多样性。专业评估要体现对专业建设的分类指导，以优化专业结构，促进专业内涵发展，办出特色和水平。

一、西南交通大学本科专业评估背景

近年来，高等工程教育内外环境发生了巨大的变化。发达国家"再工业化"与第三次工业革命，国内"中国高铁走出去""互联网+""中国制造2025"等国家战略，大数据、物联网、云计算、人工智能（"大物云智"）等新一代信息技术的突破性发展，我国成为《华盛顿协议》的第18个正式成员方，这些都对高等工程教育提出了新的挑战。面对国内外工程教育新环境，面对学校向综合性研究型一流大学转型的新要求，培养什么样的人才才能适应产业和社会需求，如何培养符合需求的工程技术人才已成为焦点。

为加强专业内涵建设，提升专业建设水平，学校自2015年重构本科教学质量保障体系时，已将本科专业评估作为本科教学校级评估三项任务、五个环节之一。因此，开展本科专业评估既是学校应对国内外教育新环境，加强专业内涵建设的重要手段，也是学校本科教学质量保障体系建设的重要部署。

二、西南交通大学本科专业评估原则

西南交通大学本科专业评估，以"以评促建、以评促改、以评促管、评建结合、重在建设"的方针为指导，注重构建长效机制，强化专业内涵建设，以提高本科教学水平和人才培养质量。

西南交通大学本科专业评估，坚持以下原则：

1. 主体性原则。强调专业是人才培养质量的责任主体。加强自我保障机制的建设。西南交通大学本科专业评估既强调各专业对历史的梳理与审视，也强调各专业在参评过程中的主动思考，以期形成未来发展的清晰路径，实现人才培养质量持续提升。

2. 简约性原则。评估方案和过程力求简约，评估主要内容限定在各教学单位教学管理的基本职责范围内，不给各教学单位和教师增加工作负担，不影响教学单位日常工作的开展。

3. 多样性原则。由于各专业的历史、规模、条件、学科性质的不同，评估的重点也有所不同。新建专业侧重考察基本办学条件是否具备，教学规范和规章制度是否建立健全；而办学历史较长的专业侧重考察办学特色和改革创新成果。文理基础专业侧重考察如何实现学生基本思维的训练；工科专业侧重考察如何提升学生的工程实践能力。

4. 实证性原则。注重依据事实做出审核判断，以数据为依据，以事实来证明。参评专业的自我评估和专家组通过现场考察所做出的判断，都要以事实和数据为支撑，以增强说服力。

三、西南交通大学本科专业评估对象

已有三届及以上毕业生，且当年未被限制招生或暂停招生的所有校内本科专业均应参加学校组织的专业评估。

上次评估结论为"通过"但有效期截止的专业，按照程序对其开展复评；上次评估结论为"有条件通过"的专业，按照程序针对评估结果中的弱项开展复评；上次评估结论为"不通过"的专业，按照程序对其开展复评。

已有一届及以上毕业生、尚无三届毕业生的专业，也应按评估要求和程序填报相关材料。

已通过国家工程教育专业评估认证、四川省专业评估的专业不再参加校内专业评估。同时地不对当年参加国家级评估认证、省级评估的专业重复进行评估。

四、西南交通大学本科专业评估内容

西南交通大学根据学校本科教学质量保障相关工作部署，制定《西南交通大学本科专业评估通用指标体系（试行）》（XJZB-3401-1.0）（见附录3-5），从生源情况、专业定位与培养目标、毕业要求、课程体系、师资队伍、培养效果和持续改进7个方面对本科专业进行评估。

五、西南交通大学本科专业评估机构

西南交通大学教学质量保障工作委员会（以下简称"质工委"）代表学校学术委员会，主导校级的本科专业评估；质工委本科教学质量保障分委会负责校级本科专业评估的具体组织实施。

各教学单位可根据本单位实际情况，通过教授委员会、院级督导组等机构，指导专业完成自评估，开展院级评估，接受校级评估。

六、西南交通大学本科专业评估工作流程

根据学校教学质量保障体系相关工作的总体部署，由质工委委员牵头，从专家库中抽取一定数量的专家组成专业评估组，对全校本科专业进行评估。教学单位负责组织专业接受校级评估，并将校级评估结果反馈给专业，组织专业持续改进。专业评估每学期进行一次，采用自愿申报、随机抽样和学校指定相结合的办法确定每学期评估的专业，原则上全校所有专业6年内必须进行一轮本科专业评估。本科专业评估工作流程见图1。

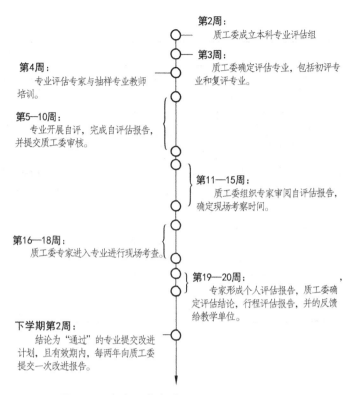

第2周：
质工委成立本科专业评估组

第3周：
质工委确定评估专业，包括初评专业和复评专业。

第4周：
专业评估专家与抽样专业教师培训。

第5—10周：
专业开展自评，完成自评估报告，并提交质工委审核。

第11—15周：
质工委组织专家审阅自评估报告，确定现场考察时间。

第16—18周：
质工委专家进入专业进行现场考查。

第19—20周：
专家形成个人评估报告，质工委确定评估结论，行程评估报告，并的反馈给教学单位。

下学期第2周：
结论为"通过"的专业提交改进计划，且有效期内，每两年向质工委提交一次改进报告。

图1 西南交通大学本科专业评估工作流程

七、西南交通大学本科专业评估结论及应用

西南交通大学本科专业评估结论分为"通过""有条件通过"和"不通过"三个等级。已通过校外第三方专业评估的专业，其校内评估结论为"通过"。本科专业评估结论作为继续、限制或暂停招生的重要依据，由学校以适当的方式予以公布，并为学校进一步优化专业结构，加强专业建设，深化专业教学改革，实行专业改造与整合，以及科学制订招生计划提供客观依据。

八、西南交通大学本科专业质量保障文件体系

目前，根据质量保障体系建设相关工作的总体部署，已完成包括质量标准、实施办法、评估工具、评估报告模板在内共12个文件，详见表1。

表1 西南交通大学本科专业质量保障系列文件

文件类型	文件标题	文件编号	附录编号
指导意见	西南交通大学本科专业评估指导意见	XJZB-3101-1.0	附录3-1
质量标准	西南交通大学本科专业评估通用质量标准（试行）	XJZB-3201-1.0	附录3-2

续表

文件类型	文件标题	文件编号	附录编号
实施办法	西南交通大学本科专业人才培养方案管理办法（试行）	XJZB-3301-1.0	附录 3-3
	西南交通大学本科新专业申报管理办法	XJZB-3302-1.0	附录 3-4
	西南交通大学本科专业评估实施办法	XJZB-3303-1.0	附录 3-5
评估工具	西南交通大学本科专业评估通用指标体系（试行）	XJZB-3401-1.0	附录 3-6
报告模板	西南交通大学本科专业自评估报告	XJZB-3601-1.0	附录 3-7
	西南交通大学本科专业自评估报告专家个人分析意见表	XJZB-3602-1.0	附录 3-8
	西南交通大学本科专业评估专家组现场考察要重点	XJZB-3603-1.0	附录 3-9
	西南交通大学本科专业评估专家个人评估报告	XJZB-3604-1.0	附录 3-10
	西南交通大学本科专业评估报告	XJZB-3605-1.0	附录 3-11
	西南交通大学本科专业改进计划	XJZB-3606-1.0	附录 3-12
	西南交通大学本科专业改进报告	XJZB-3607-1.0	附录 3-13

附录 3-1　西南交通大学本科专业评估指导意见（XJZB-3101-1.0）

编号	XJZB-3101
版本	1.0
生效日期	2017 年 4 月

西南交通大学

本科专业评估指导意见

目　录

专业建设是高校内部质量保障的基础。专业评估的目的在于强调专业人才培养质量和专业自身发展，一方面关注专业教学是否满足学生毕业后进入该领域从事专业工作的要求，另一方面保持专业自身发展的规范性和多样性。为保障专业人才培养质量，优化专业结构，加强对专业建设的分类指导，促进内涵发展，办出特色和水平，结合我校实际，特制定本指导意见。

一、西南交通大学本科专业评估原则

西南交通大学本科专业评估，以"以评促建、以评促改、以评促管、评建结合、重在建设"的方针为指导，强化专业内涵建设，凝练专业特色发展，注重构建长效机制，提高本科教学水平和人才培养质量。

西南交通大学本科专业评估，坚持以下原则：

1. 主体性原则。强调专业是人才培养质量的责任主体，旨在增强专业办学的主体意识，充分激发专业办学的活力，加强自我保障机制的建设。西南交通大学本科专业评估强调各专业基于历史的梳理与审视，也强调专业在参评过程中的主动思考，形成未来发展的清晰路径，实现人才培养质量持续提升。

2. 常态性原则。评估方案和过程力求简约，评估主要内容限定在各教学单位教学管理的基本职责范围内，不给各教学单位和教师增加工作负担，不影响教学单位日常工作的开展，帮助其真实了解专业建设的评估意见。

3. 多样性原则。专业办学要体现多样性，克服同质化，强调专业特色是专业发展的生命力。由于各专业的历史、规模、条件、学科性质的不同，评估的重点也有所不同。新建专业侧重考察基本办学条件是否具备，教学规范和规章制度是否建立健全，而办学历史较长的专业侧重考察办学特色和改革创新成果；文理基础专业侧重考察如何实现学生基本思维的训练，工科专业侧重考察如何提升学生的工程实践能力。

4. 实证性原则。注重依据事实做出审核判断，以目标为导向，以问题做引导，以数据为依据，以事实来证明。参评专业的自我评估和专家组通过现场考察所做出的判断，都以事实和数据为支撑，增强说服力。

二、西南交通大学本科专业评估范围

西南交通大学本科专业评估主要对专业的生源情况、专业定位与培养目标、毕业要求、课程体系、师资队伍、培养效果和持续改进进行考察。

三、西南交通大学本科专业评估对象

已有三届及以上毕业生，且当年未被限制招生或暂停招生的所有校内专业均应参加学校组织的专业评估。

评估结论为"通过"且有效期截止的专业，按照程序对其开展复评；上次评估结论为"有条件通过"的专业，按照程序，针对评估结果中的弱项开展复评；上次评估结论为"不通过"的专业，按照程序对其开展复评。

已有一届及以上毕业生、尚没有三届毕业生的专业，也应按评估要求和程序填报相关材料。

已通过国家专业评估与认证、省级评估的专业不再参加校内专业评估。不对当年参加国家专业评估与认证、四川省专业评估的专业重复进行评估。

四、西南交通大学本科专业评估类型

1. 初评专业：首次被抽取评估的专业。
2. 复评专业：上一轮评估等级为"有条件通过""不通过"的专业以及评估有效期截止的专业。

五、西南交通大学本科专业评估机构

1. 西南交通大学教学质量保障工作委员会代表学术委员会，主导本科专业的校级评估。
2. 质工委本科教学质量保障分委会负责本科专业校级评估的具体组织实施。
3. 各教学单位根据本单位实际情况，通过教授委员会、院级督导组等机构，开展专业的院级评估。

六、西南交通大学本科专业评估方式

西南交通大学本科专业评估以专家组方式开展，专家组采用但不限于以下方式开展：
1. 审阅自评估报告及专业提供的证据材料。
2. 现场考察，主要有：
（1）访谈教学单位管理人员、专业负责人、教师、学生、毕业生、用人单位代表；
（2）观摩课堂教学；
（3）审阅课程报告/作业、试题和试卷等学生学习成果。

七、西南交通大学本科专业的持续改进

（一）改进机构

1. 各专业根据评估结果，负责本专业的持续改进。

2. 教学单位负责本单位评估结果的跟踪，并根据实际需要，指导并支持各专业的持续改进。

3. 学校教学质量保障工作委员会负责校级评估结果的跟踪，并为教学单位评估结果的持续改进工作提供咨询、指导和检查。

（二）改进程序

1. 学校教学质量保障工作委员会完成评估报告并向各教学单位反馈，提供评价结果的解释、咨询与指导。

2. 各教学单位将评估结果反馈给参评专业，并组织其根据评估报告提出的改进问题，完成改进计划并提交质工委审核。

3. 各教学单位需指导专业按照规定时间针对改进情况进行说明，完成并提交改进报告，以便学校跟踪持续改进情况。

附录 3-2 西南交通大学本科专业评估通用质量标准（试行）（XJZB-3201-1.0）

编号	XJZB-3201
版本	1.0
生效日期	2017 年 4 月

西南交通大学本科专业评估

通用质量标准（试行）

目　录

一、适用范围

本标准适用于西南交通大学本科专业的建设与评估。

二、总体原则

1. 西南交通大学本科专业建设与评估遵循多样性原则，强调专业特色。新建专业建设与评估的重点在于基本办学条件是否具备，教学规范和规章制度是否建立健全；办学历史较长的专业建设与评估的重点在于办学特色和改革创新成果；文理基础专业建设与评估的重点在于如何实现学生基本思维的训练；工科专业建设与评估的重点在于如何提升学生的工程实践能力。

2. 学校、教学单位应鼓励各专业以本标准为基准，制定专业补充标准，追求卓越教学。

三、与其他文件关系

1. 本文件主要作为本科专业建设与评估的通用质量标准。

2. 专业评估指标需参照《西南交通大学本科专业评估通用指标体系（试行）》（XJZB-3401-1.0）。

3. 本科课程评估的原则、范围、对象、机构、方式与过程与结果应用参照《西南交通大学本科课程评估实施办法》（XJZB-3303-1.0）。

四、质量标准

西南交通大学本科专业通用质量标准包含以下 7 个方面：

（一）生源情况

生源质量是培养质量的起点，生源数量与质量在一定程度上反映了学校的人才培养质量与社会声誉。

（二）专业定位与培养目标

专业必须有科学、准确的定位，办学定位需符合国家、社会需求，专业定位的区域和行业特点要明确。专业要制定科学、清晰的专业建设规划。

专业要有公开的、符合学校定位的、适应社会经济发展需要的培养目标，要能反映学生毕业后 5 年左右在社会与专业领域预期能够取得的成就。

专业要定期评价培养目标的合理性并根据评价结果对培养目标进行修订，评价与修订过程有行业或企业专家参与。

（三）毕业要求

毕业要求是对学生毕业时应该掌握的知识和能力的具体描述，包括学生通过本专业学习所掌握的知识、技能和素养。

专业必须有明确、公开的毕业要求，毕业要求应能支撑培养目标的达成（工科专业毕业要求应覆盖《工程教育专业认证标准》的相关要求）。

专业应通过评价证明毕业要求的达成。

（四）课程体系

课程设置要能支持毕业要求的达成，并符合培养方案制定的相关要求。课程体系设计要有企业或行业专家参与（工科专业课程体系设置要符合《工程教育专业认证标准》的相关规定）。

专业核心课程要能够满足该专业核心培养目标的需要，充分体现本校培养方向特点和专业特色。

专业要建有数量充足的优质课程，积极采取多种手段开展优质课程建设和教学，具有良好的应用效果。

专业要构建有科学合理的实践教学体系，实践教学环节结构比例合理，支持培养目标达成。

（五）师资队伍

教师数量要能满足教学需要，结构合理，并有企业或行业专家作为兼职教师。

教师要具有足够的教学能力、专业水平、实践经验、沟通能力、职业发展能力，并且能够开展实践问题研究，参与学术交流。

教师要有足够的时间和精力投入本科教学和学生指导中，并积极参与教学研究与改革。

专业负责人要具有高级专业技术职务和较高的教学科研水平，能够切实带领专业教师开展建设与改革，取得明显成效。

（六）培养效果

毕业生的就业与职业发展情况反映了学校人才培养的社会认可度。

培养效果体现在专业采取了积极有效的措施推动就业和深造，就业率、升学率高、就业质量好；在校生对专业教育满意度高，毕业生对母校、对专业满意度高，社会对专业的认可度高。

（七）持续改进

专业建立了教学过程质量监控机制。各主要教学环节有明确的质量要求，通过教学环节、过程监控和质量评价促进毕业要求的达成；定期进行课程体系设置和教学质量的评价。

要建立毕业生跟踪反馈机制以及有高等教育系统以外有关各方参与的社会评价机制，对培养目标是否达成进行定期评价。

评价的结果被用于且能证明被用于专业的持续改进。

附录 3-3   西南交通大学本科专业人才培养方案管理办法（试行）（XJZB-3301-1.0）

编号	XJZB-3301
版本	1.0
生效日期	2016 年 4 月

西南交通大学本科专业人才培养方案

管理办法（试行）

目　录

第一章　总　则

第一条　《本科专业人才培养方案》（以下简称《培养方案》）根据教育部和省教育厅相关文件精神，在教育部专业教育指导委员会的宏观指导下，由学校按照自己的办学定位、培养目标与毕业要求组织专家制订。

第二条　《培养方案》是人才培养工作的总体设计和实施方案，是学校办学理念在专业人才培养中的具体体现，是学校保证人才培养规格和质量的纲领性文件，是各专业组织教学过程、安排教学任务，以及学生毕业资格认定等方面的重要依据。

第三条　为规范《培养方案》的编制、修订、管理与实施，特制定本管理办法。本办法适用于所有本科主修专业、辅修专业和双学位专业。

第二章　《培养方案》的编制与修订

第四条　学校每四年对现有招生专业进行一次《培养方案》的全面修订。新办专业应在向教育部提交申请报告之前完成《培养方案》的编制工作。

第五条　《培养方案》的编制与修订在分管教学副校长领导下，由教务处组织进行，各学院（中心）院长（主任）具体负责。

第六条　教务处负责组织制订《培养方案指导意见》。该意见经本科教学工作委员会批准后，作为各专业培养方案编制、修订的指导性文件。

第七条　各学院（中心）根据《培养方案指导意见》，指定专业负责人，组织校内外专家团队，在对毕业生情况、企业人才需求深入开展调查研究基础上，对比分析国内外相关专业人才培养，科学编制、修订培养方案。

第八条　各学院（中心）应将编制、修订后的《培养方案》及相应课程简介、课程教学大纲等副本文件提交学院教授委员会讨论通过，由教授委员会主任、院长签字确认后，提交教务处。

第九条　教务处根据《培养方案指导意见》组织审核各单位提交的《培养方案》，并报分管教学副校长批准后统一以电子版（PDF 格式）及印刷版形式发布。

第三章　《培养方案》的管理与实施

第十条　《培养方案》实行信息化管理。《培养方案》一经确定后，由学院（中心）负责将方案录入管理系统并组织审核，审核无误后确认提交。

第十一条 除学校统筹组织的基础课程外，对于《培养方案》中的其余课程，专业所在学院是课程管理主体，负责保质保量开出满足专业需求的教学班。

第十二条 每年春季学期第 5 周由教务处教学研究科根据《培养方案》向各专业所属学院（中心）下发下学年课程执行计划，各学院（中心）组织审核无误后第 7 周提交。

第十三条 对于审核通过的课程执行计划，由教务处排课中心按开课单位下达教学任务，各开课单位组织师资落实教学任务，并在每学期第 8 周反馈给教务处排课中心。教务处排课中心负责根据教室资源进行编排，并在第 13 周形成下一学期的课程表。

第四章 《培养方案》的调整

第十四条 《培养方案》在一个完整的执行周期内（4 年），应保持一定的稳定性。如因社会、经济和科学技术的发展变化，确需调整的，按第十五条、第十六条执行。

第十五条 培养方案调整工作集中在每年春季学期前 4 周进行，由专业所属学院（中心）填写《西南交通大学培养方案变更申请表》（一式三份），经学院（中心）的教授委员会会议讨论通过，由教授委员会主任、院长签字确认后实施。

第十六条 如因国家政策变更必须调整《培养方案》的，由学校统一组织调整。

第五章 评 估

第十七条 《培养方案》的编制、修订与实施情况作为专业评估的重要内容，将纳入学院本科教学年度考核。

第六章 附 则

第十八条 本办法经本科教学工作委员会审议，报主管教学副校长批准后执行。

第十九条 学校授权教务处对本办法进行解释。

附录 3-4 西南交通大学本科新专业申报管理办法（试行）（XJZB-3302-1.0）

编 号	XJZB-3302
版 本	1.0
生效日期	2016 年 4 月

西南交通大学本科新专业申报

管理办法（试行）

目 录

西南交通大学新专业申报管理办法（试行）

为进一步规范专业建设，优化学科与专业结构，加强学校对专业的宏观规划与管理，促进学校专业规模、质量、效益的协调发展，确保新专业人才的培养质量，制定本办法。

第一章　总　　则

第一条　新专业设置的基本原则

新专业设置应适应国家、地方经济建设和社会发展对人才的需要，遵循教育规律；有利于凸显学校的办学定位和办学特色，形成合理的专业结构和布局；符合教育部及其他中央有关部门颁布的专业设置管理的规定。

鼓励申报战略新兴类专业、交叉学科类专业。

第二条　新专业规划与布局

为集思广益，在做好顶层设计的基础上，新专业的规划与布局应采用自上而下与自下而上相结合的方式，立足于学校长远发展和未来新的学科专业增长点，统筹"四大学科板块"，尽早规划和组织力量做好申报工作。

第三条　新专业办学目标

新专业要瞄准国内外本学科专业发展前沿，对标专业认证（评估）要求，充分发挥我校多学科的综合优势，形成具有学院（中心）自身特点和优势的专业办学目标与特色。

第四条　新专业办学条件

新增设的专业应具有完成该专业教学计划所必需的教师队伍和教辅人员，同时申报单位学生（含新专业拟招生人数）与专任教师比例原则上不高于18：1，专业办学条件能满足该专业培养目标和规格的要求。

第二章　新专业申报程序

第五条　学校发布新专业申请通知

每年学校将根据教育部相关要求启动校内新专业申报工作，发布新专业申报相关通知。

第六条　组织申报

学校可根据新专业规划与布局，协调相关教学单位进行新专业申报；教学单位可根据自身学科专业发展情况，充分发挥教授委员会等学术组织的作用，认真组织新专业申报的研究与论证等相关工作。对于论证通过的专业，申报单位需提供专业论证过程说明、专业分析及建设规划报告、高等学校增设专业申请表及相关证明材料。

第七条　本科教学工作委员会审议

由学校组织本科教学工作委员会对申报单位论证通过的拟申报的新专业进行审议，审议内容包括专业办学目标、办学条件等，新专业负责人将进行现场报告并回应专家质询。本科教学工作委员会将审议意见提交学校学术委员会。

第八条　学校学术委员会审议

根据本科教学委员会审议意见，学校学术委员会将全面审议新申请专业材料，如有必要将召开现场会议听取拟申请专业负责人汇报，并形成最后的审议意见，通过的专业报校长办公会审议。

第九条　校长办公会审议

根据本科教学工作委员会、学校学术委员会审议意见，教务处提交相关材料至校长办公会审议。

第十条　教育部审批

校长办公会审议通过的新申请专业，申报单位根据最新教育部文件要求，修订相应申报材料，报教育部审批。

第三章　附　则

第十一条　本办法经本科教学工作委员会审议，报分管副校长批准后执行。

第十二条　学校授权教务处对本办法进行解释。

附录 3-5　西南交通大学本科专业评估实施办法（XJZB-3303-1.0）

编号	XJZB-3303
版本	1.0
生效日期	2017 年 4 月

西南交通大学

本科专业评估实施办法

目　录

为进一步提升学校专业建设水平，确保专业人才培养质量，建立完善的校内专业评估制度，参考工程教育专业认证实践，结合我校实际情况，制定本办法。

一、适用范围

本办法适用于西南交通大学全日制第一批次本科专业。

二、与其他文件的关系

1. 本办法以《西南交通大学本科专业评估指导意见》（XJZB-3101-1.0）为依据和指导，是对本科专业评估在实施层面的具体说明。

2. 专业质量标准请见《西南交通大学本科专业通用质量标准（试行）》（XJZB-3201-1.0）。

3. 《西南交通大学本科专业评估通用指标体系（试行）》（XJZB-3401-1.0）提供了本科专业的通用评估指标。

4. 专业对办学情况和教学质量进行自我检查并完成《西南交通大学本科专业自评估报告》（XJZB-3601-1.0）。

5. 专家对专业的自评估报告进行审阅并完成《西南交通大学本科专业自评估报告专家个人分析意见表》（XJZB-3602-1.0）。

6. 教学质量保障工作委员会（以下简称"质工委"）结合自评估报告审阅情况，形成《西南交通大学本科专业评估专家组现场考察要重点》（XJZB-3603-1.0）。

7. 专家通过多种方式完成现场考察，结合自评估报告的审阅情况，完成《西南交通大学本科专业评估专家个人评估报告》（XJZB-3604-1.0）。

8. 质工委综合评估情况，确定评估结论，形成《西南交通大学本科专业评估报告》（XJZB-3605-1.0）。

9. 通过评估的专业根据评估报告中提出的问题与建议，完成《西南交通大学本科专业改进计划》（XJZB-3606-1.0）。

10. 通过评估的专业在有效期内每两年完成《西南交通大学本科专业改进报告》（XJZB-3607-1.0），并提交质工委。

三、西南交通大学本科专业评估机构

1. 质工委代表学校学术委员会，主导本科专业的校级评估，并负责评估结果的反馈、发布、解释，指导改进。

2. 质工委本科教学质量保障分委会负责本科专业校级评估的具体组织实施，由分委会委员和本科教学质量保障专家库成员组成若干评估组，对全校本科专业开展评估。

3. 各教学单位根据本单位实际情况，通过教授委员会、院级督导组等机构，开展专业的院级评估。

四、西南交通大学本科专业评估工作流程

本科专业评估的过程及时间节点如下：

（一）成立专业评估组：第 2 周

根据学校教学质量保障体系相关工作的总体部署，由质工委委员牵头，从专家库中抽取一定数量的专家，组成专业评估组，对全校本科专业进行评估。

（二）确定评估专业：第 3 周

专业评估每学期进行一次，采用自愿申报、随机抽样和学校指定相结合的办法确定每学期评估的专业，原则上全校所有专业 6 年内必须进行一轮本科专业评估。

（三）评估专家与抽评专业相关人员培训：第 4 周

1. 质工委邀请专家，对未参与过专业评估培训的专家及抽评专业教师进行培训，培训时间为半天，内容包括评估指标体系解读、自评报告撰写指导等。

2. 各教学单位组织本单位专家与教师参与培训。

（四）专业自评与自评估报告提交：第 5—10 周

自评是各教学单位组织接受评估专业对办学情况和教学质量进行自我检查，参评专业应在自评的基础上撰写自评估报告［模板请见《西南交通大学本科专业自评估报告》（XJZB-3601-1.0）］，并在规定的时间内将自评估报告提交至质工委审核。

（五）自评估报告审阅与现场考察时间确定：第 11—15 周

1. 质工委组织专家审阅专业自评估报告，对于新建专业，重点审查其基本办学条件是否具备，教学规范和规章制度是否建立健全；对于办学历史较长的专业，重点审查其办学特色和改革创新成果；对于文理基础专业，重点审查其实现学生基本思维训练的途径与效果；对于工科专业，重点审查其提升学生的工程实践能力的途径与效果，形成《西南交通大学本科专业自评估报告专家个人分析意见表》（XJZB-3602-1.0）。

2. 最终质工委委派专家组（由 3～5 名专家组成）到评估专业开展的实地考察活动，主

要目的是核实自评报告的真实性和准确性，并了解自评报告中未能反映的情况。现场考察时间一般不超过 3 天，且一般不安排在学校假期进行。

3. 质工委根据自评估报告审阅情况，确定各专业现场考察的时间；结合"自评估报告专家个人分析意见表"，形成《西南交通大学本科专业评估专家组现场考察要重点》（XJZB-3603-1.0）并告知被评估专业。

（六）现场考察：第 16—18 周

专家组进入专业后，按以下程序进行现场考察。

1. 专家组预备会议。正式考察前，专家组召开内部工作会议，结合"专家组现场考察要重点"，进一步明确具体的考察步骤，确定分工后，向专业负责人等介绍考察目的、要求和详细计划。

2. 实地考察。考察内容包括检查近期学生的毕业设计（论文）、试卷、实验报告、实习报告、作业以及学生完成的其他作品；现场观摩课堂教学、实验、实习、课外活动；参观其他能反映教学质量和学生素质的现场和实物。

3. 访谈。专家组根据需要会晤在校学生和毕业生、教师、教学单位行政、学术、教学负责人等。

（七）评估报告的形成、提交评估结果确定与反馈：第 19—20 周

1. 各评估专家结合自评估报告审阅与现场考察情况，形成《西南交通大学本科专业评估专家个人评估报告》（XJZB-3604-1.0），并提交质工委审核。

2. 质工委本科教学分委会召开全体会议，审议专业的自评估报告、专家组专家的"个人评估报告"，确定评估结论，形成《西南交通大学本科专业评估报告》（XJZB-3605-1.0）。

3. 质工委本科教学分委会在充分讨论的基础上，采取无记名投票方式提出认证结论建议。全体委员 2/3（含）以上出席会议，投票方为有效。同意票数达到到会委员人数的 2/3（含）以上，则通过评估结论建议，确定评估结论。西南交通大学本科专业评估结论建议应为以下 3 种之一：

（1）通过，校内有效期 6 年；

（2）有条件通过；

（3）不通过。

4. 质工委批准的评估报告及评估结论应在 5 个工作日内分送相关教学单位，如果教学单位对认证结论有异议，可向质工委提出申诉，质工委重新组织专家进行评估。

（八）提交改进计划：下学期第 2 周

教学单位负责将评估结果反馈给专业，组织评估结论为"通过"的专业将改进计划［模板请见《西南交通大学本科专业改进计划》（XJZB-3606-1.0）］提交至质工委，以促进质量的

持续改进；自评估结论发布起，专业还需每两年向质工委提交《西南交通大学本科专业改进报告》（XJZB-3607-1.0）。评估结论为"有条件通过"和"不通过"的专业第二年进行复评，若"不通过"的专业在复评过程中结论仍为"不通过"的，则提交学术委员会讨论是否限制或暂停招生。

五、西南交通大学本科专业评估结论及其应用

西南交通大学本科专业评估结论分为"通过""有条件通过"和"不通过"三种。已通过校外第三方专业评估的专业，其校内评估结论为"通过"。评估结论的应用主要有以下方面：

1. 本科专业评估结论作为继续、限制或暂停招生的重要依据。评估结论为"有条件通过"和"不通过"的，若复评结论仍"不通过"，考虑限制其招生；连续三次不能通过评估（结论为"有条件通过"和"不通过"中任意一种）的专业，考虑暂停招生，由质工委提交学术委员会审议、讨论决定，并由学校以适当的方式予以公布，作为学校进一步优化专业结构，加强专业建设，深化专业教学改革，实行专业改造与整合，以及科学制定招生计划提供客观依据。

2. 本科专业质量保障情况（过程和结果）等全部录入并留存信息化平台中专业档案系统。

附录 3-6　西南交通大学本科专业评估通用指标体系（试行）（XJZB-3401-1.0）

编　号	XJZB-3401
版　本	1.0
生效日期	2017 年 4 月

西南交通大学

本科专业评估通用指标体系（试行）

教学单位：＿＿＿＿＿＿＿＿＿＿＿＿＿＿＿

完成日期：＿＿＿＿＿＿＿＿＿＿＿＿＿＿＿

西南交通大学本科专业评估通用指标体系（试行）

一级指标	二级指标	具体内容	备注
1. 生源情况	1.1 平均生源质量	每名学生高考总分（不包括加分）除以该生所在省高考满分值（文、理分科）后得出标准分的平均值。计算近4年数据，取平均值。计算省高考满分时，不含国家特殊招生政策改招生学生（如少数民族地区的少数民族学生）等。	
2. 专业定位与培养目标	2.1 专业定位	专业定位科学、准确，经过充分的调研和论证，能够依据学校办学定位、学科基础、社会需求、区域和行业特点明确服务面向和发展定位。	
	2.2 专业建设规划	专业建设规划科学，专业建设目标清晰，具有详细的针对性建设措施，阶段任务得到全面落实。	
	2.3 专业培养目标	专业培养目标清晰、具体，符合学校人才培养定位和社会经济发展需要，符合国家、社会及行业的要求与期望，能反映学生毕业5年左右具备的主要能力及在社会与领域的预期发展。定期评价培养目标的合理性并根据评价结果对结果目标进行修订。	
3. 毕业要求	3.1 毕业要求	专业必须有明确、公开的毕业要求。毕业要求应支撑培养目标的达成（工科专业毕业要求应覆盖《工程教育专业认证标准》的相关要求）。	
	3.2 毕业要求达成	课程设置满足教育部专业规范或专业规定达到线的要求，课程设置能够支持每个教学环节，并能够进行评估，且以此证明毕业要求达成。	
4. 课程体系	4.1 课程设置	比例和实践教学环节的学分占比例到达线的要求；课程设置能够支持知识、各类型课程学分的培养，能够清楚表明知识、能力和素质要求的实现方式，能支持毕业要求的达成。课程体系设计有企业或行业专家参与。	
	4.2 核心课程	专业核心课程能够满足该专业核心培养目标的需要，充分体现本校培养方向特点和专业特色。	
	4.3 优质课程	专业建有数量充足的优质课程，包括省级以上精品课程（含精品视频公开课、精品资源共享课），在全国性课程平台上线的慕课等；并积极采取网络教学平台和其他各种手段开展优质课程建设和教学，具有良好的应用效果。	
	4.4 实践教学	专业实践教学有合理的实践教学体系，配置有类型丰富、素质培养目标有明确的对应关系；各实践教学和评价方法；实习实践的目标、内容，配备实习指导教师，有公开统一安排计划的专业核心性实习占比较大比例，学生实习报告，指导实习总结规范、齐全。	

- 90 -

续表

一级指标	二级指标	具体内容	备注
5. 师资队伍	5.1 数量与结构	教师数量能满足教学需要，结构合理，并有企业或行业专家作为兼职教师。专业生师比合理。	
	5.2 教师水平	教师具有足够的教学能力、专业水平、实践经验、沟通能力、职业发展能力，并且能够开展实践问题研究，参与学术交流。	
	5.3 学习指导与教学研究	教师有足够课时间和精力投入本科教学和指导学生中，并积极参与教学研究与改革。近1年本专业授课教师中博士学位教师比例，近1年教授本专业所授本科生课时不少于32学时的在职教授人数（不包括实习、毕业设计、竞赛指导等）。	
	5.4 专业负责人情况	专业负责人具有高级专业技术职务和较高的教学科研水平，能够切实带领专业教师开展专业建设与改革，取得明显成效。	
6. 培养效果	6.1 近4年就业率	近4年该专业毕业生年终就业率、灵活就业率、出国率、考研录取。	
	6.2 近4年升学率	近4年该专业毕业生（指上学年具有该专业学籍的应届毕业生）升学情况，当年实际毕业生，取得毕业证书、出国（境）留学。	
	6.3 社会认可度	学生对专业认可度。毕业生对专业社会认可度。第三方机构对学校、对专业满意度高，在校生对专业教育满意度高。第三方调研数据显示用人单位与就业单位的《毕业生培养质量调研报告》中专业对社会认可度。学校每年委托第三方调研机构对发布的专业设置满意度、课程设置满意度、专业知识掌握度，第三方教育质量调研满意度等为重要参考依据。	
7. 持续改进	7.1 质量监控机制	专业建立了教学过程质量监控机制。各主要教学环节有明确的质量要求，通过教学环节过程监控和质量评价促进毕业要求的达成。定期进行课程体系设置和教学质量的评价。	
	7.2 定期评价机制	建立毕业生跟踪反馈机制以及有高等教育系统以外有关各方参与的社会评价机制，对培养目标是否达成进行定期评价。	
	7.3 评价结果的应用	评价的结果说明用于且能证明被用于专业的持续改进。	

附录 3-7　西南交通大学本科专业自评估报告（XJZB-3601-1.0）

编　号	XJZB-3601
版　本	1.0
生效日期	2017 年 4 月

西南交通大学本科专业自评估报告

专业代码：＿＿＿＿＿＿＿＿＿＿

专业名称：＿＿＿＿＿＿＿＿＿＿

教学单位：＿＿＿＿＿＿＿＿＿＿

目　录

一、培养目标

➤ 专业应有公开的、符合学校定位的、适应社会经济发展需要的培养目标。

➤ 培养目标应包括学生毕业时的要求，还应能反映学生毕业后 5 年左右在社会与专业领域预期能够取得的成就。

（撰写说明）

（1）用单独的段落列出本专业的培养目标全文。

（2）应说明毕业生主要的就业领域与性质，主要的社会竞争优势，毕业后 5 年左右具备的能力，并描述对学生毕业几年后事业发展的预期。

（3）简述本专业培养目标与学校定位以及与社会经济发展的关系。

二、毕业要求

➤ 专业应有明确的，能够支撑培养目标的毕业要求。

➤ 毕业要求应落实到培养方案的每个教学环节，并能够进行评估。

（撰写说明）

（1）明确列出本专业对于学生毕业的要求，每一条毕业要求应细分为可评估的二级指标点。

（2）用矩阵图的形式说明毕业要求如何支撑培养目标的实现（见表1）。

表 1　毕业要求支撑培养目标的实现

	目标 1	目标 2	…
毕业要求 1			
毕业要求 2			
…			

三、课程体系

➤ 课程设置应能够支持专业毕业要求的达成。

（撰写说明）

（1）提供完整的专业教学计划，并提供所有课程的中英文教学大纲、课程简介。

（2）用矩阵形式提供课程支撑诸项毕业要求的对应关系，在该矩阵中用特殊符号表示对于每项毕业要求达成关联度最高的 2~3 门课程。

示例：

工程教育专业认证标准中，课程支撑毕业要求对应关系的矩阵见表2。

表 2　课程支撑毕业要求的对应关系

指标点	思想道德修养与法律基础	中国近现代史纲要	马克思主义基本原理	毛泽东思想和中国特色社会主义理论体系概论	…	生产实习	毕业设计	Σ目标值
1.1 热爱祖国，具有推动民族复兴和社会进步的责任感。		0.5	0.2	0.3				1
1.2 具有良好的思想道德和人生态度，以及一定的人文社会科学素养。	0.5		0.2	0.3				1
1.3 具有良好的敬业精神和科学严谨、求真务实的工作作风，理解工程师的职业性质和责任，理解工程职业道德的含义及其影响。					…	0.15	0.3	1
该项毕业要求达成度评价目标值								1

➢ 培养方案最近一次修订前后课程设置调整情况。

（撰写说明）

在表 3 中描述培养方案最近一次修订前后课程设置的主要区别及调整依据。

表 3　培养方案修订前后课程设置的主要区别及调整数据

培养方案版本	主要区别（调整情况）	调整依据
修订后与修订前比较		

四、持续改进

➢ 专业应建立毕业生跟踪机制以及社会评价机制，对培养目标是否达成进行定期评价。

➢ 专业应将评价的结果用于专业的持续改进。

（撰写说明）

（1）描述专业如何建立并实施毕业生和用人单位的跟踪调查机制，并根据反馈信息对培养目标、培养方案、教学方法等进行调整和改进。

（2）列举如何将评价结果应用于专业持续改进。

五、存在问题与改进

六、索引文件列表

附录 3-8 西南交通大学本科专业自评估报告专家个人分析意见表（XJZB-3602-1.0）

编号	XJZB-3602
版本	1.0
生效日期	2017 年 4 月

西南交通大学本科专业自评估报告

专家个人分析意见表

专业代码：＿＿＿＿＿＿＿＿＿＿＿＿

专业名称：＿＿＿＿＿＿＿＿＿＿＿＿

教学单位：＿＿＿＿＿＿＿＿＿＿＿＿

西南交通大学本科专业评估现场考察
自评报告专家个人分析意见表

指标	自评报告中未充分说明的内容，以及针对质量标准发现的问题和关注项	拟深入了解或核查的问题及拟采取的考察方式	备注
生源情况			
专业定位与培养目标			
毕业要求			
课程体系			
师资队伍			
培养效果			
持续改进			
其他（需要学校提供的资料等）			

填表说明：本表是形成考察要点的依据，考察过程中人手一份。

附录 3-9　西南交通大学本科专业评估专家组现场考察要重点（XJZB-3603-1.0）

编号	XJZB-3603
版本	1.0
生效日期	2017 年 4 月

西南交通大学本科专业评估

专家组现场考察要重点

专业代码：_____

专业名称：_____

教学单位：_____

西南交通大学本科专业评估专家组现场考察要重点表

指标	专家组拟深入了解或核查的问题及拟采取的考察方式	备注
生源情况		
专业定位与培养目标		
毕业要求		
课程体系		
师资队伍		
培养效果		
持续改进		
其他 （需要学校提供的资料等）		

填表说明：本表根据"自评报告专家个人分析意见表"讨论形成，考察过程中人手一份。

附录 3-10　西南交通大学本科专业评估专家个人评估报告（XJZB-3604-1.0）

编号	XJZB-3604
版本	1.0
生效日期	2017 年 4 月

西南交通大学本科专业评估

专家个人评估报告

专业代码：＿＿＿＿＿＿＿＿＿＿＿＿＿＿

专业名称：＿＿＿＿＿＿＿＿＿＿＿＿＿＿

教学单位：＿＿＿＿＿＿＿＿＿＿＿＿＿＿

目　录

一、专业基本情况

简要描述专业的基本情况。

二、对自评估报告的审阅意见及问题核实情况

详细描述专家组对自评估报告的审阅意见，需要核实的问题等，并根据现场考察情况描述相关问题的核实情况（不描述考察过程和内容）。

三、专业符合质量标准要求的达成度

逐条详细描述专业如何达到该条标准要求的，描述内容应具体、有针对性，指出存在的问题及关注项；评估结论分为通过（Pass）、有条件通过（Pass/Concern）、不通过（Failure）3种，分别用P、P/C、F表示。

专业评估专家用表

	指标	达成情况说明	问题和关注项	评估结论
1. 生源情况	1.1 平均生源质量			
2. 专业定位与培养目标	2.1 专业定位			
	2.2 专业建设规划			
	2.3 专业培养目标			
3. 毕业要求	3.1 毕业要求			
	3.2 毕业要求达成			
4. 课程体系	4.1 课程设置			
	4.2 核心课程			
	4.3 优质课程			
	4.4 实践教学			
5. 师资队伍	5.1 数量与结构			
	5.2 教师水平			
	5.3 学习指导与教学研究			
	5.4 专业负责人情况			
6. 培养效果	6.1 近4年就业率			
	6.2 近4年升学率			
	6.3 社会认可度			
7. 持续改进	7.1 质量监控机制			
	7.2 定期评价机制			
	7.3 评价结果的应用			
8. 总体评价				

附录 3-11　西南交通大学本科专业评估报告（质工委用）（XJZB-3605-1.0）

编号	XJZB-3605
版本	1.0
生效日期	2017 年 4 月

西南交通大学本科专业评估报告

（质工委用）

专业代码：＿＿＿＿＿＿＿＿＿

专业名称：＿＿＿＿＿＿＿＿＿

教学单位：＿＿＿＿＿＿＿＿＿

目　录

一、西南交通大学本科专业评估等级评定表（表1）

表1　西南交通大学本科专业评估等级评定表

一级指标	二级指标	评估等级	
1. 生源情况	1.1　平均生源质量		
2. 专业定位与培养目标	2.1　专业定位		
	2.2　专业建设规划		
	2.3　专业培养目标		
3. 毕业要求	3.1　毕业要求		
	3.2　毕业要求达成		
4. 课程体系	4.1　课程设置		
	4.2　核心课程		
	4.3　优质课程		
	4.4　实践教学		
5. 师资队伍	5.1　数量与结构		
	5.2　教师水平		
	5.3　学习指导与教学研究		
	5.4　专业负责人情况		
6. 培养效果	6.1　近4年就业率		
	6.2　近4年升学率		
	6.3　社会认可度		
7. 持续改进	7.1　质量监控机制		
	7.2　定期评价机制		
	7.3　评价结果的应用		
8. 评估结论			

填表说明：评估结论分为通过（Pass）、有条件通过（Pass/Concern）、不通过（Failure）3种，分别用P、P/C、F表示。

二、主要问题与改进建议（表2）

表 2　主要问题与改进建议

一级指标	二级指标	主要问题	改进建议
1. 生源情况	1.1　平均生源质量		
2. 专业定位与培养目标	2.1　专业定位		
	2.2　专业建设规划		
	2.3　专业培养目标		
3. 毕业要求	3.1　毕业要求		
	3.2　毕业要求达成		
4. 课程体系	4.1　课程设置		
	4.2　核心课程		
	4.3　优质课程		
	4.4　实践教学		
5. 师资队伍	5.1　数量与结构		
	5.2　教师水平		
	5.3　学习指导与教学研究		
	5.4　专业负责人情况		
6. 培养效果	6.1　近4年就业率		
	6.2　近4年升学率		
	6.3　社会认可度		
7. 持续改进	7.1　质量监控机制		
	7.2　定期评价机制		
	7.3　评价结果的应用		

附录 3-12　西南交通大学本科专业改进计划（通过评估专业用）（XJZB-3606-1.0）

编号	XJZB-3606
版本	1.0
生效日期	2017 年 4 月

西南交通大学本科专业改进计划

（通过评估专业用）

专业代码：_____

专业名称：_____

教学单位：_____

改进计划撰写的重点应放在针对专业评估报告中反馈的问题、提出的意见建议、对教学中存在主要问题逐一进行分析并说明改进计划。

附录 3-13　西南交通大学本科专业改进报告（通过评估专业用）（XJZB-3607-1.0）

编号	XJZB-3606
版本	1.0
生效日期	2017 年 4 月

西南交通大学本科专业改进报告

（通过评估专业用）

专业代码：＿＿＿＿＿＿＿＿＿＿

专业名称：＿＿＿＿＿＿＿＿＿＿

教学单位：＿＿＿＿＿＿＿＿＿＿

填写说明

1. 本文件为已通过评估的专业向质工委提交的改进成效报告模板。

2. 通过评估（有效期为 6 年）的专业应每 2 年提交一次改进成效报告。

3. 如教学单位有不止一个专业通过评估，应分别提交报告。

4. 通过评估的专业应结合质量标准和指标体系中的 7 个指标项，针对评估报告中提出的问题或关注点，就"学校对相关问题和关注点的理解""改进的措施""针对质量标准取得的成效或问题解决的状况""如何评判取得的成效""相关群体对改进措施及成效的意见反馈"、"改进中遇到的困难"等方面，一一如实报告；文件只列出指标 1"生源情况"部分作为参考，其余 6 个指标参照指标 1 说明即可。

5. 表格大小可根据内容进行调整，字数不作限制，但相关内容应尽可能详尽。

6. 如果某一指标项无改进内容，则删除该表格。

指标项 1：生源情况　　　　本轮评估结论：

评估报告中针对该指标项所提问题与关注点：
专业对相关问题和关注点的理解：
改进的措施：
针对质量标准描述取得的成效或问题解决的状况：

通过哪些途径对取得的成效进行评价（请列出相关证据）：

学生、毕业生、教师、用人单位等对改进措施及成效的意见反馈（请列出原始材料）：

改进中遇到的困难：

仍然存在的问题：

指标项 2：……   本轮评估结论：

西南交通大学本科教学质量保障工作手册

西南交通大学教学质量保障工作委员会
西南交通大学教务处　　　　　　　　　编

课　程

（第4册）

郝莉　姬晓旭　雷雳　编著

西南交通大学出版社
·成都·

图书在版编目（ＣＩＰ）数据

西南交通大学本科教学质量保障工作手册. 课程 / 郝莉，姬晓旭，雷霁编著. —成都：西南交通大学出版社，2018.12（2024.4 重印）
ISBN 978-7-5643-6653-7

Ⅰ. ①西… Ⅱ. ①郝… ②姬… ③雷… Ⅲ. ①本科 – 教学质量 – 保障体系 – 成都 – 手册 Ⅳ. ①G649.2-62

中国版本图书馆 CIP 数据核字（2018）第 290785 号

《西南交通大学本科教学质量保障工作手册》

编 委 会

主　　编：冯晓云

副 主 编：郝　莉　崔　凯　朱志武

编　　委：代　宁　刘朝晖　张国正　姬晓旭　张长玲

　　　　　冷　伟　卫飞飞　李静波　王克贵　尹帮旭

　　　　　丁　蔓　祝　懿　徐　凌　翟　旭　雷　霆

　　　　　胡赛明

本册作者：郝　莉　姬晓旭　雷　霆

目　录

教育的最终效果取决于直接面对学生的课程建设和实施过程，课程是形成教学质量的核心，是培养人才的核心要素。现阶段，依托教学质量保障工作委员会，西南交通大学重点推进了本科课程评估工作。本科课程评估将"以学习为中心"的教育理念作为总体原则，遵循标准多样性原则，以"课程设计＋学生学习成果"为主要评估对象，重点评价课程是否为学生提供了有效的学习环境和有意义的学习经历。本科课程评估以4年为一个周期，对全校所有本科课程开展校级评估。通过评估，一方面可以保证所有课程达到西南交通大学本科课程最低质量标准；另一方面，可以在西南交通大学寻找到好的教学实践并对其进行奖励和推广，从而引导所有教师追求教学卓越。课程评估结果一方面用于课程的发展性评价，支持课程的持续改进；另一方面用于形成性评价，用于对课程教学质量的评优与问责。

一、西南交通大学本科课程评估机构

西南交通大学教学质量保障工作委员会（简称质工委）代表学校学术委员会，主导课程的校级评估；质工委本科分委会负责校级课程评估过程的具体组织实施。

各教学学院（中心）可根据本单位实际情况，通过教授委员会、院级督导组等机构，开展课程的院级评估。

二、西南交通大学本科课程评估方式

西南交通大学本科课程评估以专家组方式开展，专家组基于课程自评估报告以及其他证明材料，根据评价指标体系对课程进行综合评价。通过审查教学大纲、观摩课堂教学、访谈、审阅课程作业、审核试题与试卷、审阅自评报告、调查学生课程体验等多种方式，全方位、多角度地收集课程质量信息，力求更加准确地反映课程质量情况，从而不断提升学校的教育教学质量。

三、西南交通大学本科课程评估类型

西南交通大学本科课程评估分为两种类型。

初评课程：首次被抽取评估的课程。

复评课程：对上一轮评估等级为"尚可"与"待改进"的课程，按照程序、针对评估结果中的弱项开展复评。

四、西南交通大学本科课程评估文件体系

目前，根据质量保障体系建设相关工作的总体部署，已完成包括指导意见、质量标准、

实施办法、评估工具、指导与解读、评估报告模板等 31 个文件在内的较为完善的课程评估文件体系。本科课程质量保障文件体系详见图1、表1。

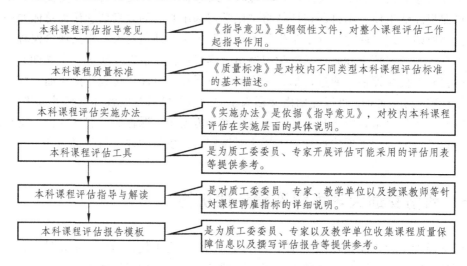

图 1　西南交通大学本科课程质量保障文件体系解读

表 1　西南交通大学本科课程质量保障系列文件

文件类型	文件标题	文件编号	附录编号
指导意见	西南交通大学本科课程评估指导意见	XJZB-4101-1.0	附录 4-1
	西南交通大学本科课程成绩评定指导意见	XJZB-4102-1.0	附录 4-2
质量标准	西南交通大学本科公共基础类课程通用质量标准	XJZB-4201-1.0	附录 4-3
	西南交通大学本科通识类课程通用质量标准	XJZB-4202-1.0	附录 4-4
	西南交通大学本科新生研讨课通用质量标准	XJZB-4203-1.0	附录 4-5
	西南交通大学本科专业类课程通用质量标准	XJZB-4204-1.0	附录 4-6
实施办法	西南交通大学本科课程评估实施办法	XJZB-4301-1.0	附录 4-7
	西南交通大学本科课程执行大纲管理办法	XJZB-4302-1.0	附录 4-8
	西南交通大学本科课程学生学习体验调查管理办法	XJZB-4303-1.0	附录 4-9
评估工具（指标与问卷）	西南交通大学本科课程评估指标	XJZB-4401-1.0	附录 4-10
	西南交通大学本科课程执行大纲评估表	XJZB-4402-1.0	附录 4-11
	西南交通大学本科课程学生学习体验调查问卷	XJZB-4403-1.0	附录 4-12
	西南交通大学本科课程教师教学自评表	XJZB-4404-1.0	附录 4-13
	西南交通大学本科课程课堂教学评估表	XJZB-4405-1.0	附录 4-14
	西南交通大学本科课程考核与反馈评估表	XJZB-4406-1.0	附录 4-15
	西南交通大学本科课程作业策略评估表	XJZB-4407-1.0	附录 4-16
	西南交通大学本科课程试卷审阅表	XJZB-4408-1.0	附录 4-17
	西南交通大学本科课程作业审阅表	XJZB-4409-1.0	附录 4-18
	西南交通大学学生访谈记录表	XJZB-4410-1.0	附录 4-19

文件类型	文件标题	文件编号	附录编号
指导与解读	西南交通大学本科课程教学目标与学习成果评估指导	XJZB-4501-1.0	附录 4-20
	西南交通大学本科课程教学内容与教学策略评估指导	XJZB-4502-1.0	附录 4-21
	西南交通大学本科课程课堂教学行为与教学效果评估指导	XJZB-4503-1.0	附录 4-22
	西南交通大学本科课程成绩评定与反馈评估指导	XJZB-4504-1.0	附录 4-23
	西南交通大学本科课程教学资源与学习支持评估指导	XJZB-4505-1.0	附录 4-24
	西南交通大学本科课程执行大纲撰写指导	XJZB-4506-1.0	附录 4-25
	西南交通大学本科课程学生学习体验调查问卷解读	XJZB-4507-1.0	附录 4-26
报告模板	西南交通大学本科课程评估报告（评估专家用）	XJZB-4601-1.0	附录 4-27
	西南交通大学本科课程自评估报告（抽评课程教师用）	XJZB-4602-1.0	附录 4-28
	西南交通大学本科课程改进计划报告（抽评课程教师用）	XJZB-4603-1.0	附录 4-29
	西南交通大学本科课程改进成效自评估报告（复评课程教师用）	XJZB-4604-1.0	附录 4-30
	西南交通大学教学单位本科课程学生学习体验调查分析报告	XJZB-4605-1.0	附录 4-31

五、西南交通大学本科课程评估工作流程

根据学校教学质量保障体系相关工作的总体部署，由质工委委员牵头，从专家库中抽取一定数量的专家，组成课程评估组，对全校开设课程进行抽查。专家组通过学校教学质量保障信息化平台，收集质量保障信息，审阅佐证材料，评价教学效果，提出教学建议，并对改进工作进行指导和监督。教学单位负责组织课程接受校级评估，并将校级评估结果反馈给课程，同时对教学单位整体课程质量保障情况、评估课程改进情况进行说明。本科课程评估工作流程如下（见图 2）。

近年来，随着国际高等教育理念的不断创新，学校的人才培养顶层设计的不断完善，教育教学模式也发生了重大变革，"怎么去发现好的教师、好的教学"随之成为亟须解决的问题。不同于以往重点评价教师上课表现，西南交通大学本科课程评估将课程设计和学生学习成果作为主要评估对象，通过审查课程执行大纲、观摩课堂教学、访谈、审阅课程作业、审核试题与试卷、审阅自评报告、学生课程体验调查等多种方式，全方位、多角度地收集课程质量信息，力求更加准确地反映课程质量情况，从而不断提升学校的教育教学质量，为实现学校创建双一流大学目标而不懈奋斗。

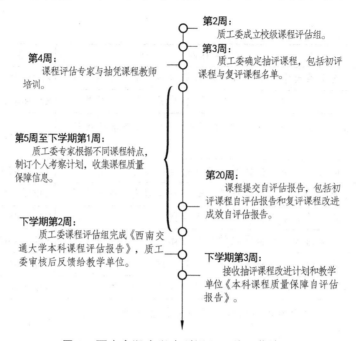

第4周：
课程评估专家与抽凭课程教师培训。

第5周至下学期第1周：
质工委专家根据不同课程特点，制订个人考察计划，收集课程质量保障信息。

下学期第2周：
质工委课程评估组完成《西南交通大学本科课程评估报告》，质工委审核后反馈给教学单位。

第2周：
质工委成立校级课程评估组。

第3周：
质工委确定抽评课程，包括初评课程与复评课程名单。

第20周：
课程提交自评估报告，包括初评课程自评估报告和复评课程改进成效自评估报告。

下学期第3周：
接收抽评课程改进计划和教学单位《本科课程质量保障自评估报告》。

图 2 西南交通大学本科课程评估工作流程

附录 4-1　西南交通大学本科课程评估指导意见（XJZB-4101-1.0）

编号	XJZB-4101
版本	1.0
生效日期	2016 年 4 月

西南交通大学本科课程评估

指导意见

目　录

一、西南交通大学本科课程评估原则

（1）课程评估是西南交通大学本科课程质量保障体系的重要组成部分。学校通过课程评估、结果反馈与改进成效评价，形成持续改进的课程教学质量保障体系。

（2）西南交通大学本科课程评估将"以学习为中心"的教育理念作为总体原则，将鼓励卓越教学作为总体目标，将能够有效促进学生学习与发展的教学认定为卓越的教学。

（3）西南交通大学本科课程评估遵循标准多样性原则，其重点是评价课程是否为学生提供了有效的学习环境和有意义的学习经历。

二、西南交通大学本科课程评估的主要目标

（1）通过课程评估要达成两个方面的目标，一方面是保证所有课程达到西南交通大学本科课程最低质量标准；另一方面是在西南交通大学寻找到好的教学实践并对其进行奖励和推广，从而引导所有教师追求教学卓越。

（2）课程评估结果包含评分与改进建议两个部分，该结果一方面用于课程的发展性评价，支持课程的持续改进；另一方面用于形成性评价，用于对课程教学质量的评优与问责。

三、西南交通大学本科课程评估范围

西南交通大学本科课程评估包括以下 4 种课程类型：

（一）公共基础课

公共基础课是指学校各专业本科生共同必修的课程。具体评估标准请参照《西南交通大学本科公共基础类课程通用质量标准》（XJZB-4201-1.0）。

（二）通识类课程

通识类课程是指旨在拓宽基础、强化素质、培养通识的跨学科基础教学课程。具体评估标准请参照《西南交通大学本科通识类课程通用质量标准》（XJZB-4202-1.0）。

（三）新生研讨课

新生研讨课是指专门为大一新生开设的小班专题讨论课程。具体评估标准请参照《西南交通大学本科新生研讨课通用质量标准》（XJZB-4203-1.0）。

（四）专业类课程

专业类课程是指根据培养目标开设的专业知识和专门技能的课程，是与学生所学专业最密切相关的课程。专业类课程包括专业基础课和专业课。具体评估标准请参照《西南交通大学本科专业类课程通用质量标准》（XJZB-4204-1.0）。

四、西南交通大学本科课程评估方式

西南交通大学本科课程评估以专家组方式开展，专家组通过学校教学质量保障信息化平台收集课程质量相关材料，结合自己实际收集的课程质量信息，根据评价指标体系对课程进行综合评价。课程评价主要采用但不限于如下形式开展：

（1）审阅自评估报告及教师提供的证据材料。

（2）课堂教学观摩。

（3）教师、学生、校友、企业代表座谈、访谈、问卷调查。

（4）审阅课程报告（作业）、试题和试卷。

（5）学生课程体验调查。

五、西南交通大学本科课程评估类型

西南交通大学本科课程评估分为两种类型：

（1）初评课程：首次被抽取评估的课程。

（2）复评课程：对上一轮评估等级为"尚可"或"待改进"的课程，按照程序，针对评估结果中的弱项开展复评。

六、西南交通大学本科课程评估机构

（1）质工委代表学校学术委员会，主导课程的校级评估；质工委本科分委会负责校级课程评估过程的具体组织实施。

（2）各教学学院（中心）可根据本单位实际情况，通过教授委员会、院级督导组等机构，开展课程的院级评估。

七、校级课程评估责任主体

（1）质工委以 4 年为一个周期，对全校所有本科课程开展校级评估（实施过程请参见《西南交通大学本科课程评估实施办法》），并负责评估结果的解释。

（2）课程负责人负责组织课程自评估，并对自评估报告和评估材料的真实性负责。

（3）学院（中心）负责本单位课程校级评估的组织与改进工作。

附录 4-2　西南交通大学本科课程成绩评定指导意见（XJZB-4102-1.0）

编号	XJZB-4102
版本	1.0
生效日期	2016 年 4 月

西南交通大学本科课程成绩评定

指导意见

目　录

一、适用范围

本办法适用于西南交通大学本科生第一课堂的课程，艺术类、体育类及单独开设的实验类课程的成绩评定可参考本指导意见执行。

二、与其他文件关系

（1）本文件主要给出第一课堂课程成绩评定的指导意见。

（2）课程评估标准请根据课程类型分别参照《西南交通大学本科公共基础类课程通用质量标准》（XJZB-4201-1.0）、《西南交通大学本科通识类课程通用质量标准》（XJZB-4202-1.0）、《西南交通大学本科新生研讨课课程通用质量标准》（XJZB-4203-1.0）、《西南交通大学本科专业类课程通用质量标准》（XJZB-4204-1.0）。

（3）《西南交通大学本科课程评估指标》（XJZB-4401-1.0）中提供了评估的指标体系。

三、课程成绩评定原则

（一）多样化原则

成绩评定应在遵循课程教学规律和学生发展规律的基础上，设置若干考核环节，这些考核环节能够清晰地将课程教学目标、教学内容、教学活动以及学习成果联系起来，并满足不同学生的学习需要。

（二）公平性原则

同一门课程（相同课程代码）的评定标准必须是可靠且一致的，同时也要保证不同课程表现学生的成绩具有可区分性。

（三）公开性原则

课程成绩评定方法与各考核环节的评定标准都必须是明确且公开的，须在课程开始之初向学生公开课程成绩评定方法，同时必须确保在每个考核环节开始之前，学生知晓该环节成绩评定标准以及如何能够取得好成绩。

（四）发展性与终结性相结合原则

课程成绩评定一方面必须能够为学生的课程学习成绩给出终结性评价，另一方面必须能够对学生的学习提供诊断性、及时性且有意义的过程性反馈，以促进和支持学生深层次学习，帮助他们形成良好的学习习惯和学习模式，掌握高效的学习方法，使他们获得终身学习的能力。

四、成绩构成与考核环节规定

（1）课程成绩由若干考核环节构成，教师可根据课程和学科的特点，自行选择合适的考核环节。总成绩由选定的考核环节得分乘以权重后相加得到。

（2）各考核环节规定如下：

1．课堂表现

（1）定义：学生在课堂上的口头参与（课堂讨论、回答或提出问题及其他形式的口头交际情况）、学习态度、与教师和同学交往的情况等。

（2）考核目的：鼓励学生积极参与课堂教学，其评价对象可以包括但不限于学生出勤、参与课堂学习过程（如回答问题、课堂讨论）等。

（3）考核权重：总体不超过 10%。

（4）标准公布：在授课前向学生公布该环节的详细评分方法，使其知晓如何获得更高得分。建议并鼓励教师制订和使用标准化的评估表格。

（5）注意事项：由于课堂表现不仅仅包括学生出勤情况，因此不建议简单将学生的出勤次数作为评分标准。

（6）成绩公布：尽量在学期中多次公布成绩，不断向学生反馈其课堂表现评价结果，使其有机会反思自身的课堂表现并通过努力提高分数。

（7）证明材料：证明材料包括但不限于点名（含电子点名器记录）、讨论与回答问题记录等。

2．随堂测验

（1）定义：在上课时间内任课教师对学生进行的非正式的测验。

（2）考核目的：及时检查学生对课程知识掌握情况，促进学生的课前预习与课堂听课。

（3）考核权重：单次不超过 5%，总体不超过 10%。控制权重的原因是随堂测验很难保证监考达到标准，同时不同教学班的题目和批改标准可能存在差异。

（4）成绩公布：每次随堂测验成绩须在 5 个工作日内向学生发布，同时鼓励将批改后的试卷发给学生。

（5）证明材料：证明材料包括但不限于测验试题，测验成绩记录，至少 3 份的测验答卷（可复印，尽量选择成绩处于不同档次的答卷）。

3. 课后作业

（1）定义：任课教师完成一定教学内容之后安排的常规作业。

（2）考核目的：帮助学生巩固学习内容。

（3）考核权重：单次不超过 2%，总体不超过 10%。如果单次超过 2%，教师须制订和使用标准化的评估表格或有除评定课后作业的其他评定环节，例如答辩或质询环节等。控制权重的原因是无法保证学生自主完成作业，同时不同教学班的评价标准可能存在差异。

（4）注意事项：不应简单将学生是否交作业作为评分标准，应对学生的作业质量进行评判。特别要甄别抄袭作业现象并进行处理。

（5）成绩公布：每次作业成绩须在学生上交作业之后 5 个工作日内向学生发布。

（6）证明材料：证明材料应包括但不限于作业要求、作业成绩记录等。

4. 在线学习

（1）定义：学生在任课教师指导下，通过网上平台提供的各种在线资源在课前或者课后进行学习。

（2）考核目的：培养学生自我学习的能力和习惯。

（3）考核权重：总体不超过 10%。控制权重的原因是无法保证在线学习是否由学生本人完成。

（4）标准公布：在该环节开始前向学生公布详细评分方法，建议并鼓励教师制订和使用标准化的评估表格。

（5）注意事项：不应简单把访问次数或者观看视频时间作为评分标准，应对学生学习效果进行考核，比如在线测试完成的正确率等。

（6）证明材料：证明材料包括但不限于在线学习记录（电子版）。

5. 课程报告（设计/论文）

（1）定义：课程报告（设计/论文）包括但不限于课程设计（论文）、课程报告、实验报告（不包括单独设课的实验）、课程小论文、研究项目报告等。

（2）考核目的：对课程学习进行拓展，目的在于培养学生解决较复杂问题能力和写作能力。

（3）考核权重：单次不超过 10%。如果单次超过 10%，教师须制订和使用标准化的评估表格或有除评定课程报告的其他评定环节，例如答辩或质询环节等。

（4）标准公布：教师须提前发布并确保学生理解报告要求，包括主题、字数、格式、评分标准、重复率要求等，建议并鼓励教师制订和使用标准化的评估表格。

（5）注意事项：教师应对所有提交报告进行查重，对于重复率高于上限的，应按照公布办法进行处理。

（6）成绩公布：在公布成绩的同时，教师应就报告内容向学生进行反馈，使其理解报告评分准则与可改进之处。

（7）证明材料：证明材料应包括但不限于报告要求、所有学生报告（电子版）、成绩评定记录等。

6. 正式考试

（1）定义：正式考试包括月考、期中考试、期末考试、补考以及不定期考试等。凡是单次比重超过 10% 的测试，均视作正式考试。

（2）考核目的：对学生前一阶段学习情况进行较为全面的检查。

（3）考核权重：正式考试比重总体须为 50%～70%。

（4）注意事项：正式考试的命题、监考、阅卷均须满足《西南交通大学本科考试考场管理办法》《西南交通大学本科考试命题与试卷管理办法》《西南交通大学本科课程考试管理办法》的要求。

（5）成绩公布：正式考试成绩须在考试结束 5 个工作日内向学生公布成绩，鼓励与学生讨论已批改的试卷，以使其知晓不足之处。

（6）证明材料：证明材料包括但不限于空白试卷、学生考试答卷等。期末考试试卷原件或复印件至少须保留 4 年，其余考试建议保留若干份不同分数段试卷的原件或复印件，以留待外部审查和内部评估使用。

7. 口头报告

（1）定义：学生通过查找资料、准备 PPT，在课上进行报告并就相关问题进行讨论。

（2）考核目的：培养学生的口头表达能力、分析解决问题能力、准备 PPT 文档能力等。

（3）考核权重：单次不超过 10%，如果单次超过 10%，教师须制订和使用标准化的评估表格或有除评定口头报告之外的其他评定途径，例如答辩或质询环节等。

（4）标准公布：教师须提前向学生公布并保证其理解报告的主题、时间、评分标准等（特别应该说明在小组合作情况下，如何对组内所有同学的表现进行评定），建议并鼓励教师制订和使用标准化的评估表格（Rubrics）。

（5）成绩公布：口头报告成绩须在报告后 5 个工作日内向学生公布。

（6）证明材料：证明材料包括但不限于学生 PPT 文档、学生成绩记录、课堂影视资料等。

8. 其　他

（1）课程可根据实际情况设定其他考核项目。

（2）设定的其他考核环节单次权重不超过 10%，总体权重不超过 30%。如果单次权重超过 10%，教师须制订和使用标准化的评估表格或采用多种方式进行评定。

五、课程成绩评定标准发布

1. 课程负责人负责协调与组织各教学班任课教师对课程成绩评定标准的制订，并对所有教学班的课程成绩评定标准的一致性负责，同一门课程（相同课程代码）的评定标准相同部分须不低于 80%，其余可由任课教师根据课程需要自行设置。

2. 同一门课程的计分标准也应保持一致。

3. 课程成绩评定标准作为课程执行大纲的组成部分，其提交、审核与批准、发布、实施与修改等流程均须按照《西南交通大学课程执行大纲管理办法》有关规定执行。

六、附　则

1. 本指导意见经西南交通大学本科教学工作委员会审议通过后实施。
2. 学校原有相关规定与本指导意见相抵触的，以本指导意见为准。
3. 本指导意见由学校授权教务处负责解释。

附录 4-3　西南交通大学本科公共基础类课程通用质量标准（XJZB-4201-1.0）

编号	XJZB-4201
版本	1.0
生效日期	2016 年 4 月

西南交通大学本科公共基础类课程

通用质量标准

编号　XJZB-4201

目 录

一、适用范围

本标准适用于西南交通大学本科公共基础类课程的建设与评估。

二、总体原则

1. 西南交通大学用"有效促进学生深层次学习"来定义卓越教学，本标准的主要目的就是给出"有效促进学生深层次学习"在公共基础类课程中如何开展教学实践的具体阐述，从而为课程的建设与评估提供依据。

2. 学校、教学单位与课程团队应鼓励教师以本标准为基准，通过设立课程补充标准，追求卓越教学。

三、与其他文件关系

1. 本文件主要给出公共基础类课程的质量标准与教学规定。

2. 课程教学目标设置请参照《西南交通大学本科课程教学目标与学习成果评估指导》（XJZB-4501-1.0）。

3. 课程成绩评定请参照《西南交通大学本科课程成绩评定指导意见》（XJZB-4102-1.0）。

4. 课程评估指标请参照《西南交通大学本科课程评估指标》（XJZB-4401-1.0）。

5. 课程执行大纲撰写请参照《西南交通大学本科课程执行大纲管理办法》（XJZB-4302-1.0）、《西南交通大学本科课程执行大纲撰写指导》（XJZB-4506-1.0）。

四、质量标准

西南交通大学公共基础类课程质量标准包含以下5个方面：

（一）教学目标：课程教学应支持毕业要求达成，特别应包括多维度目标

所有公共基础类课程均应支持专业毕业要求达成（工科公共基础类课程要支持《工程教育认证通用标准（2018版）》毕业要求的达成）。

在设置教学目标时，课程应超越"理解＋记忆"的浅层次教学目标，将深层次学习纳入教学目标中，特别应涵盖知识、能力、人格与价值等多个维度。

（二）教学内容与教学策略：支持教学目标达成，为学生建立深层次学习环境

课程教学内容与教学目标应当相对应，深度广度适当，能够反映相关学科领域最新发展。课程知识点要清楚，且知识点之间具有清晰的逻辑结构。

课程要从学科认知规律出发，在教学过程中能够不断激发学生的学习兴趣，不断激励学生，激发学生学习潜力，引导学生进入深层次学习，有效达成教学目标。

（三）成绩评定与反馈：引导学生进入深层次学习

教学目标应有考核环节对应，课程成绩评定应能够持续有效地促进学生学习，特别是引导学生进入深层次学习。

对计入成绩的考核，应保证考核结果的科学性和公正性，特别应确保有多个教学班的同一门课程评分的一致性。

应通过设置适合的考核项目使学生在整个学期中都不断努力学习，而不是仅仅依靠期末突击通过考试。

应及时将考核结果反馈给学生，从而帮助学生更好学习。

（四）学习成果：达成教学目标，为学生创造有意义的学习经历

要针对教学目标实施教学过程，使课程在价值塑造、人格养成、能力培养和知识探究 4 个维度上，对学生成长与发展带来积极而深远的影响。

课程要对学生学习成果有明确的评价方法，相关证明材料及其分析能够清晰反映学生的课程学习成果，且这些学习成果与教学目标相对应。

（五）教学资源与学习支持：帮助尽量多学生达成教学目标

课程要为学生提供丰富且有效的课外学习资源，并指导学生如何高效获取并使用学习资源。要为学生的学习提供足够支持与指导，包括学习方法指导、课程答疑等。要能够及时发现学习困难的学生，帮助他们度过困难期并顺利完成课程学习。要注重收集学生学习相关数据，开展关于课程学习的研究，通过总结反思不断改进教学。

五、公共基础类课程教学规定

公共基础类课程原则上均应遵守以下规定，若课程有特殊需要无法遵守这些规定时，应在开课前提出申请，经教学单位批准且报教务处备案后方可施行。在课程评估中，课程团队应提供证据说明课程做法能够更为"有效促进学生深层次学习"，课程评估专家组据此给出评价结果。

（一）课程执行大纲发布

所有课程均应在第一节课前将执行大纲公开发布在网站上，相关管理规定请参见《西南交通大学课程执行大纲管理办法》（XJZB-4302-1.0）。

（二）教学要求

课程应该通过课程设计与考核，保证学生课内外学习时间的比例在 1：1 到 1：2 之间。

（三）成绩评定

课程成绩评定标准应参照《西南交通大学本科课程成绩评定指导意见》（XJZB-4102-1.0）制订，且应保证"正式考试"的次数不少于 4 次。

附录 4-4　西南交通大学本科通识类课程通用质量标准（XJZB-4202-1.0）

编号	XJZB-4202
版本	1.0
生效日期	2016 年 4 月

西南交通大学本科通识类课程

通用质量标准

目　录

一、适用范围

本标准适用于西南交通大学本科通识类课程的建设与评估。

二、总体原则

1. 西南交通大学用"有效促进学生深层次学习"来定义卓越教学，本标准的主要目的就是给出"有效促进学生深层次学习"在通识类课程中如何开展教学实践的具体阐述，从而为课程的建设与评估提供依据。

2. 学校、教学单位与课程团队应鼓励教师以本标准为基准，通过设立课程补充标准，追求卓越教学。

三、与其他文件关系

1. 本文件主要给出通识类课程的质量标准与教学规定。

2. 课程教学目标设置请参照《西南交通大学本科课程教学目标与学习成果评估指导》（XJZB-4501-1.0）。

3. 课程成绩评定请参照《西南交通大学本科课程成绩评定指导意见》（XJZB-4102-1.0）。

4. 课程评估指标请参照《西南交通大学本科课程评估指标》（XJZB-4401-1.0）。

5. 课程执行大纲撰写请参照《西南交通大学本科课程执行大纲管理办法》（XJZB-4302-1.0）、《西南交通大学本科课程教学大纲撰写指导》（XJZB-4506-1.0）。

四、质量标准

西南交通大学通识课程质量标准包含以下 5 个方面：

（一）教学目标：课程教学应支持毕业要求达成，特别应包括多维度目标

所有通识课程均应支持专业毕业要求达成（工科通识类课程要支持《工程教育认证通用标准（2018 版）》毕业要求的达成）。

在设置教学目标时，课程应超越"理解+记忆"的浅层次教学目标，将深层次学习纳入教学目标中，特别应涵盖知识、能力、人格与价值等多个维度。

（二）教学内容与策略：支持教学目标达成，为学生建立深层次学习环境

课程教学内容与教学目标应当相对应，深度广度适当，能够反映相关学科领域最新发展。课程知识点要清楚，且知识点之间具有清晰的逻辑结构。

课程要从学科认知规律出发，在教学过程中能够不断激发学生的学习兴趣，不断激励学生，激发学生学习潜力，引导学生进入深层次学习，有效达成教学目标。

（三）成绩评定与反馈：引导学生进入深层次学习

教学目标应有考核环节对应，课程成绩评定应能够持续有效地促进学生学习，特别是引导学生进入深层次学习。

对计入成绩的考核，应保证考核结果的科学性和公正性，特别应确保有多个教学班的同一门课程评分的一致性。

应通过设置适合的考核项目使学生在整个学期中都不断努力学习，而不是仅仅依靠期末突击通过考试。

应及时将考核结果反馈给学生，从而帮助学生更好学习。

（四）学习成果：达成教学目标，为学生创造有意义的学习经历

要针对教学目标实施教学过程，使课程在价值塑造、人格养成、能力培养和知识探究 4 个维度上，对学生成长与发展带来积极而深远的影响。

课程要对学生学习成果有明确的评价方法，相关证明材料及其分析能够清晰反映学生的课程学习成果，且这些学习成果与教学目标相对应。

（五）教学资源与学习支持：帮助尽量多学生达成教学目标

课程要为学生提供丰富且有效的课外学习资源，并指导学生如何高效获取并使用学习资源。要为学生的学习提供足够支持与指导，包括学习方法指导、课程答疑等。要能够及时发现学习困难的学生，帮助他们度过困难期并顺利完成课程学习。要注重收集学生学习相关数据，开展关于课程学习的研究，通过总结反思不断改进教学。

五、通识类课程教学规定

通识类课程原则上均应遵守以下规定，若课程有特殊需要无法遵守这些规定时，应在开课前提出申请，经教学单位批准且报教务处备案后方可施行。在课程评估中，课程团队应提供证据说明课程做法能够更为"有效促进学生深层次学习"，课程评估专家组据此给出评价结果。

（一）课程执行大纲发布

所有课程均应在第一节课前将执行大纲公开发布在网站上，相关管理规定请参见《西南交通大学课程执行大纲管理办法》（XJZB-4302-1.0）。

（二）教学要求

课程应将培养学生的写作能力纳入课程教学目标。

课程应该通过课程设计与考核，保证学生课内外学习时间的比例在 1：1 到 1：2 之间。

（三）成绩评定

课程成绩评定标准应参照《西南交通大学本科课程成绩评定指导意见》（XJZB-4102-1.0）制订。

附录 4-5　西南交通大学本科新生研讨课通用质量标准（XJZB-4203-1.0）

编号	XJZB-4203
版本	1.0
生效日期	2016 年 4 月

西南交通大学本科新生研讨课

通用质量标准

目　录

一、适用范围

本标准适用于西南交通大学本科新生研讨课的建设与评估。

二、总体原则

1. 西南交通大学用"有效促进学生深层次学习"来定义卓越教学，本标准的主要目的就是给出"有效促进学生深层次学习"在新生研讨课中如何开展教学实践的具体阐述，从而为课程的建设与评估提供依据。

2. 学校、教学单位与课程团队应鼓励教师以本标准为基准，通过设立课程补充标准，追求卓越教学。

三、与其他文件关系

1. 本文件主要给出新生研讨课的质量标准与教学规定。

2. 课程教学目标设置请参照《西南交通大学本科课程教学目标与学习成果评估指导》（XJZB-4501-1.0）。

3. 课程成绩评定请参照《西南交通大学本科课程成绩评定指导意见》（XJZB-4102-1.0）。

4. 课程评估指标请参照《西南交通大学本科课程评估指标》（XJZB-4401-1.0）。

5. 课程执行大纲撰写请参照《西南交通大学本科课程执行大纲管理办法》（XJZB-4302-1.0）、《西南交通大学本科课程教学大纲撰写指导》（XJZB-4506-1.0）。

四、质量标准

西南交通大学新生研讨课质量标准包含以下 5 个方面：

（一）教学目标：课程教学应支持毕业要求达成，特别应包括多维度目标

所有新生研讨课均应支持专业毕业要求达成（工科新生研讨课支持《工程教育认证通用标准（2018 版）》毕业要求的达成）。

课程应超越"理解＋记忆"的浅层次教学目标，将深层次学习纳入教学目标中，特别应涵盖知识、能力、人格与价值等多个维度。

所有新生研讨课都应将帮助学生改变高中阶段以应试和解题为主的学习目的和方法，激发学生学习兴趣和学习动力，帮助学生尽快适应大学学习作为课程教学目标，具体包括：

1. 培养学生的高级思维能力，包括对事物进行分析、比较、评价、预测的批判性思维；回答问题、进行决策、提出解决方案的实践性思维；想象和创造新的观点、方案或产品的创造性思维等。

2. 激发学生对课程相关学科的学习兴趣，引导他们关注相关领域的发展与影响。

3. 培养学生基于科学原理采用科学方法开展研究的能力。

4. 培养学生搜索整理分析提炼资料信息，以及使用本学科或课程材料、工具及技术的能力。

5. 提高学生口头表达与沟通交流能力。

6. 提高学生书面表达能力。

7. 培养学生同他人进行富有成效的合作的能力。

8. 帮助学生成为主动高效的学习者。

（二）教学内容与教学策略：支持教学目标达成，为学生建立深层次学习环境

课程教学内容与教学目标有明确的对应关系，能够支持教学目标的达成，特别应包含纳入教学目标的深层次学习内容。

课程应从学科认知规律出发，在教学过程中能够不断激发学生的学习兴趣，不断激励学生，激发学生的学习潜力，引导学生进入深层次学习。

课程应将课堂讲授与课堂研讨、小组合作、基于问题的教学、案例教学、基于实际场景的教学等教学活动有机结合，采用适当的教学策略有效支持教学目标的达成。

（三）成绩评定与反馈：引导学生进入深层次学习

课程每一项教学目标均应有对应的考核环节，课程成绩评定要能够持续有效地促进学生学习，特别是引导学生进入深层次学习。

对计入成绩的考核，应保证考核结果的科学性和公正性。对于学生的口头表达沟通、书面表达、团队合作能力等应有方法与标准对其进行评价。

对学生在课程中的表现应当进行及时且充分的反馈，以帮助学生不断改进学习。

（四）学习成果：达成教学目标，为学生创造有意义的学习经历

针对教学目标实施教学过程，使课程在价值塑造、人格养成、能力培养和知识探究 4 个维度上，对学生成长与发展带来积极而深远的影响。

课程对学生的学习成果应当有明确的评价方法，相关证明材料及其分析能够清晰反映学生的课程学习成果，且这些学习成果与教学目标相对应。

（五）教学资源与学习支持：帮助尽量多学生达成教学目标

课程要为学生提供丰富且有效的课外学习资源，并指导学生如何高效获取并使用学习资

源。要为学生的学习提供足够支持与指导，包括学习方法指导、课程答疑等。要能够及时发现学习困难的学生，帮助他们度过困难期并顺利完成课程学习。

通过新生研讨课，教师与学生能够进行有效且充分的交流，形成积极融洽的学习氛围，帮助学生更好度过一年级新生阶段。

课程中教师应注重收集学生学习相关数据，开展关于课程学习的研究，通过总结反思不断改进教学。

五、新生研讨课教学规定

新生研讨课原则上均应遵守以下规定，若课程有特殊需要无法遵守这些规定时，应在开课前提出申请，经教学单位批准且报教务处备案后方可施行。在课程评估中，课程团队应提供证据说明课程做法能够更为"有效促进学生深层次学习"，课程评估专家组据此给出评价结果。

（一）课程执行大纲发布

所有课程均应在第一节课前将执行大纲公开发布在网站上，相关管理规定请参见《西南交通大学课程执行大纲管理办法》（XJZB-4302-1.0）。

（二）教学要求

课程应该通过课程设计与考核，保证学生课内外学习时间的比例在 1∶1 到 1∶2 之间。

课程应将学生口头表达能力与书面表达能力培养纳入课程教学目标，其中课堂研讨环节时间应不少于总学时的 1/3，每位学生应完成不少于 2000 字的课程报告或小论文的撰写。

教学过程应包含小组合作学习环节。

（三）成绩评定

课程成绩评定标准应参照《西南交通大学本科课程成绩评定指导意见》（XJZB-4102-1.0）制订。

附录 4-6 西南交通大学本科专业类课程通用质量标准（XJZB-4204-1.0）

编号	XJZB-4204
版本	1.0
生效日期	2016 年 4 月

西南交通大学本科专业类课程

通用质量标准

目　录

一、适用范围

本标准适用于西南交通大学本科专业类课程（含专业基础课与专业课）的建设与评估。

二、总体原则

1. 西南交通大学用"有效促进学生深层次学习"来定义卓越教学，本标准的主要目的就是给出"有效促进学生深层次学习"在专业类课程中如何开展教学实践的具体阐述，从而为课程的建设与评估提供依据。

2. 学校、教学单位与课程团队应鼓励教师以本标准为基准，通过设立课程补充标准，追求卓越教学。

三、与其他文件关系

1. 本文件主要给出专业类课程的质量标准与教学规定。

2. 课程教学目标设置请参照《西南交通大学本科课程教学目标与学习成果评估指导》（XJZB-4501-1.0）。

3. 课程成绩评定请参照《西南交通大学本科课程成绩评定指导意见》（XJZB-4102-1.0）。

4. 课程评估指标请参照《西南交通大学本科课程评估指标》（XJZB-4401-1.0）。

5. 课程执行大纲撰写请参照《西南交通大学本科课程执行大纲管理办法》（XJZB-4302-1.0）、《西南交通大学本科课程教学大纲撰写指导》（XJZB-4506-1.0）。

四、质量标准

西南交通大学专业课程质量标准包含以下 5 个方面：

（一）教学目标：课程教学应支持毕业要求达成，特别应包括多维度目标

所有专业课程都应支持专业毕业要求达成（工科专业类课程支持《工程教育认证通用标准（2018 版）》毕业要求的达成）。

课程应超越"理解＋记忆"的浅层次教学目标，将深层次学习纳入教学目标中，特别应涵盖知识、能力、人格与价值等多个维度。

（二）教学内容与教学策略：支持教学目标达成，为学生建立深层次学习环境

课程教学内容应当与教学目标相对应，深度广度适当，能够反映相关学科领域最新发展。课程知识点要清楚，且知识点之间具有清晰的逻辑结构。

课程要从学科认知规律出发，在教学过程中能够不断激发学生的学习兴趣，不断激励学生，激发学生学习潜力，引导学生进入深层次学习，有效达成教学目标。

（三）成绩评定与反馈：引导学生进入深层次学习

教学目标应有考核环节对应，课程成绩评定应能够持续有效地促进学生学习，特别是引导学生进入深层次学习。

对计入成绩的考核，应保证考核结果的科学性和公正性，特别应确保有多个教学班的同一门课程评分的一致性。

应通过设置适合的考核项目使学生在整个学期中都不断努力学习，而不是仅仅依靠期末突击通过考试。

应及时将考核结果反馈给学生，从而帮助学生更好学习。

（四）学习成果：达成教学目标，为学生创造有意义的学习经历

针对教学目标实施教学过程，使课程在价值塑造、人格养成、能力培养和知识探究 4 个维度上，对学生成长与发展带来积极而深远的影响。

课程应当对学生学习成果有明确地评价方法，相关证明材料及其分析能够清晰反映学生的课程学习成果，且这些学习成果与教学目标相对应。

（五）教学资源与学习支持：帮助尽量多学生达成教学目标

课程要为学生提供丰富且有效的课外学习资源，并指导学生如何高效获取并使用学习资源。为学生的学习提供足够支持与指导，包括学习方法指导、课程答疑等。要能够及时发现学习困难的学生，帮助他们度过困难期并顺利完成课程学习。要注重收集学生学习相关数据，开展关于课程学习的研究，通过总结反思不断改进教学。

五、专业类课程教学规定

专业类课程原则上均应遵守以下规定，若课程有特殊需要无法遵守这些规定时，应在开课前提出申请，经教学单位批准且报教务处备案后方可施行。在课程评估中，课程团队应提供证据说明课程做法能够更为"有效促进学生深层次学习"，课程评估专家组据此给出评价结果。

（一）课程执行大纲发布

所有课程均应在第一节课前将执行大纲公开发布在网站上，相关管理规定请参照《西南交通大学课程执行大纲管理办法》（XJZB-4302-1.0）。

（二）教学要求

课程应该通过课程设计与考核，保证学生课内外学习时间的比例在 1：1 到 1：2 之间。

（三）成绩评定

课程成绩评定标准应参照《西南交通大学本科课程成绩评定指导意见》（XJZB-4102-1.0）制订，且应保证"正式考试"的次数不少于 2 次。

附录 4-7 西南交通大学本科课程评估实施办法（XJZB-4301-1.0）

编号	XJZB-4301
版本	1.0
生效日期	2016 年 5 月

西南交通大学本科课程评估

实施办法

目　录

为进一步提高学校本科课程建设水平，确保课程教学质量，建立完善的校内课程评估制度，结合我校实际情况，制订本办法。

一、总体原则

课程评估应在遵循高等教育教学规律和学生成长成才规律的基础上，坚持"以学生学习与发展为中心"的理念，以课程体系和教学内容、教学方法和手段改革为核心，以培养学生核心能力和实现学生学习支持为目标，提高学生学习成效，确保课程建设水平和教学质量。

二、适用范围

本办法适用于西南交通大学本科生第一课堂的课程。

三、与其他文件关系

1. 本办法是以《西南交通大学本科课程评估指导意见》（XJZB-4101-1.0）为依据和指导，对校内本科课程评估在实施层面的具体说明。

2. 课程评估标准请根据课程类型分别参照《西南交通大学本科公共基础类课程通用质量标准》（XJZB-4201-1.0）、《西南交通大学本科通识类课程通用质量标准》（XJZB-4202-1.0）、《西南交通大学本科新生研讨课通用质量标准》（XJZB-4203-1.0）、《西南交通大学本科专业类课程通用质量标准》（XJZB-4204-1.0）。

3. 《西南交通大学本科课程评估指标》（XJZB-4401-1.0）中提供了评估的指标体系。

四、评估机构

1. 质工委代表学校学术委员会，主导课程的校级评估过程，并负责评估结果的发布和解释。

2. 质工委本科教学质量保障分委会负责学校本科课程评估工作的具体实施。针对不同课程类型，由分委会委员和专家库成员组成若干课程评估组，开展对全校本科课程的抽评工作。

3. 各教学单位应根据本单位实际情况，通过教授委员会、院级督导组等机构，开展课程的院级评估。

五、校级课程评估实施过程

课程评估过程及时间节点如下：

（一）成立课程评估组：第 2 周

1. 各教学单位向质工委推荐本学期课程评估专家，所推荐专家原则上应已通过资格审核并入选学校课程评估专家库，推荐人数应不少于本学期上课教师的 10%。

2. 质工委在教学质量保障信息化平台确定本学期参加课程评估的质工委委员与专家，成立基础课、通识课、新生研讨课、专业课等若干课程评估专家组。

3. 各教学单位在教学质量保障信息化平台报送本单位课程评估秘书，负责本单位与质工委评估工作的衔接与沟通。

4. 教务处成立课程评估秘书组，负责课程评估的组织协调与服务支持工作。

（二）确定评估课程：第 3 周

1. 根据质工委课程评估工作总体安排，对各教学单位所属课程实行 4 年一轮（培养计划一个完整周期）的全覆盖评估。

2. 质工委依据不同的课程类别（公共基础类课程、通识类课程、专业类课程、新生研讨课），以开课学院为单位，按年级分别抽取比例约为 12.5% 的课程开展课程初评。具有同一课程代码的不同教学班应该同时进行评估。原则上所有课程只开展一次初评，即本轮评估周期内已经抽评课程不再进入抽取候选名单。

3. 对上一轮评估结果为"尚可"或"待改进"的课程，按照评估程序进行复评，并根据上一轮评估情况，针对弱项开展评估。

4. 对本学期拟开展初评与复评的课程名单在教务网公示，同时以邮件形式通知课程所在教学单位教学负责人和课程评估秘书。各教学单位应尽快通知课程教师做好评估准备。

（三）课程评估专家与抽评课程教师培训：第 4 周

1. 教务处邀请专家，对未参与过课程评估培训的专家及抽评课程教师进行培训，培训时间为半天，内容包括评估指标体系解读、自评报告撰写指导等。

2. 各教学单位组织本单位专家与教师参与培训。

（四）专家开展课程评估信息收集工作：本学期第 5 周到下学期第 1 周

1. 各课程评估组在组长组织协调下，商定组内的评估方式，同时确定每位专家负责评估的课程。每门课程应有不少于两位专家评估，原则上至少有一位专家为非课程所属教学单位的专家。

2. 课程评估信息收集工作可采用但不限于如下形式开展：

（1）教学现场观摩；

（2）访谈课程负责人；

（3）访谈教师；

（4）学生座谈或访谈；

（5）毕业生座谈或访谈、走访用人企业；

（6）审阅学生学习成果（试卷、作业、作品、调查问卷等）。

3. 各位专家根据课程特点，制订个人考察计划，收集课程评估相关信息。在课程评估过程中，专家需要调阅学生作业、作品、试卷，或者需要组织学生进行访谈座谈的，均可以通过学校教学质量保障信息化平台或向课程评估秘书组提出要求，相关教学单位应予以支持配合。

（五）课程提交自评估报告：第 20 周

1. 初评课程教师完成课程自评估报告［模板请参照《西南交通大学本科课程自评估报告（课程教师用）》（XJZB-4602-1.0）］。各教学单位对本单位所有课程自评估报告进行汇总审阅后签字盖章并提交质工委。

2. 复评课程教师完成改进成效自评估报告［模板请参照《西南交通大学本科课程改进成效自评估报告（复评课程教师用）》（XJZB-4604-1.0）］。

3. 无论是初评课程还是复评课程，教师在提交课程自评估报告时均应按以下要求进行：

（1）一个教学班由一位教师单独授课，则由该课程教师完成自评估报告；

（2）一个教学班由多位教师共同授课，则由多位教师共同完成自评估报告；

（3）同一门课程（相同课程代码）存在多个教学班的情况，课程负责人需完成课程自评估总体说明，不同教学班教师需完成自评估报告（对于同一名教师授课的同一门课程不同教学班可以只提交一份自评估报告，但应在该报告中涵盖不同教学班的情况）。

（六）课程评估与结果反馈：下学期第 2 周

1. 质工委课程评估组综合以下两方面信息，对课程开展评估：

（1）课程的自评估报告及其支撑材料；

（2）在课程教学过程中收集的课程评估相关信息。

2. 针对初评课程，评估过程及结果如下：

（1）质工委课程评估组对每门初评课程给出初评结果。初评结果包括评级结果和改进意见建议两个部分。评级结果共分 5 个等级：特优、优秀、良好、尚可、待改进。改进意见建议应该尽量具体、明确，具有较强可操作性，改进成效应可评价。

（2）各课程评估组根据本课程评估结果，将本评估组抽评课程排名后 10% 的课程作为"重点关注"课程，提交质工委审议。

（3）质工委本科分委会以会议形式对各课程评估组提交的评估等级为"待改进"，以及列入"重点关注"的课程进行重点审议，同时对"待改进"和"重点关注"课程教学中存在的问题进行讨论，确定最终评级。

（4）从抽评课程里评选不超过 10% 的课程为年度优秀课程。

3. 质工委以课程评估报告形式向各教学单位、课程负责人和授课教师反馈课程评估结果。

4. 针对复评课程，评估过程及结果如下：

（1）质工委课程评估组对每门复评课程的持续改进情况进行评估，评估的主要依据是初评时评估组反馈的改进建议，主要考察课程是否建立了持续改进机制以解决课程存在问题。

（2）复评结果分为三个等级：显著改进、部分改进、无改进。

（3）对于"部分改进"的课程，在下一轮课程评估中继续复评；对于"无改进"的课程，向教学单位下发整改通知。

（七）提交改进计划：下学期第 3 周

授课教师根据上一轮质工委抽评课程评估结果反馈，参照《西南交通大学本科课程改进计划报告（抽评课程教师用）》（XJZB-4603-1.0），提交课程改进计划。

六、评估结果的应用

1. 本科课程质量保障情况（过程和结果）等全部录入并留存信息化平台中课程档案系统（以教学班为单位）。

2. 课程评估结果将作为学校对各教学单位年度本科教学工作考核的重要指标之一。

3. 每年将对本年度两个学期评选的优秀课程进行表彰，授予"西南交通大学年度优秀课程"称号，并对课程团队予以奖励。

4. 对评估为特优、优秀的课程，课程组成员在进修学习、职称评聘以及教研教改项目申报中，在同等条件下给予优先考虑。

附录 4-8　西南交通大学本科课程执行大纲管理办法（XJZB-4302-1.0）

编号	XJZB-4302
版本	1.0
生效日期	2016 年 1 月

西南交通大学本科课程

执行大纲管理办法

目　录

为规范我校课程执行大纲的编制和管理工作，制定本办法。

第一章 总 则

第一条 课程执行大纲制定依据

按照培养方案课程大纲中所规定的教学目标、体系、内容，结合开课学期所教授对象的具体情况而制定。

本办法所称课程大纲是指在专业培养方案中，根据课程体系总体设计而制定的，包含教学内容、体系、范围的指导性文件。本办法所称课程执行大纲是指按照培养方案课程大纲中所规定的教学目标、体系、内容，根据开课学期具体情况而制定的课程组织运行的执行性文件。

第二条 课程执行大纲的用途

课程执行大纲是指导任课教师制订授课计划、实施和组织课程教学活动的依据；是课程的说明书，是学生第一次了解课程与选课的主要依据；是课程评估时教学质量检查的重要依据。

第三条 课程执行大纲的效力

课程执行大纲是教师与学生间的约定与协议，是老师与学生在完成课程教与学之前所作出的共同承诺。

第二章 课程执行大纲编制

第四条 课程执行大纲编制原则

以学习为中心原则：课程执行大纲应充分体现"以学习为中心"的教育理念，通过对教学目标、内容、策略方法、课程要求等的阐述，激发学生的学习兴趣并逐步引导学生进入深层次学习。

一致性原则：课程执行大纲内容应支持培养方案中人才培养目标与毕业要求的达成，应该在教学目标、体系、内容上与课程大纲具有一致性；同一门课程多个教学班，课程执行大纲在关键栏目内容上应具有一致性。

第五条 课程执行大纲编制要求

课程负责人负责协调与组织各教学班任课教师按照课程执行大纲模板（参见文件附录）要求的信息编制课程执行大纲。每一个教学班均需编制完成一份课程执行大纲。

第三章　　课程执行大纲管理

第六条　课程执行大纲的提交

每学期开学第一周由课程任课教师以教学班为单位提交课程执行大纲。

第七条　课程执行大纲的审核与批准

课程执行大纲提交由课程负责人进行审核、批准。

第八条　课程执行大纲的发布

课程执行大纲提交后，教务处通过教学信息化平台公开发布。发布分两种方式：一是作为每学期课表的子字段发布，便于学生选课、学习时查阅；二是以开课学院为单位，集中发布，便于学生查阅、专家审阅、资料存档等。

第九条　课程执行大纲的实施与修改

教师应按照已提交的课程执行大纲进行授课，依据考核方式及评分标准进行成绩评定。若任课教师因特殊原因需在教学过程中修改课程执行大纲，需征得课程负责人同意。修改完成后的课程执行大纲由课程负责人审核，教学负责人批准后方可重新提交发布。教务处将保留所有修改痕迹，并如实地公开修改记录、修改次数，以供学生查阅，课程评估专家质询等。

第十条　课程执行大纲的评估与结果应用

各教学单位应建立课程执行大纲常态化评估机制，监控各门课程的教学状态。

每学期第三周开始教务处组织专家通过信息化平台对课程执行大纲进行抽查评估，抽查结果将作为各教学单位年度教学考核的指标之一。

第四章　　附　　则

第十一条　本办法经本科教学工作委员会审议通过后实施。

第十二条　本办法由学校授权教务处负责解释。

附件：　　　　　　　***课程教学执行大纲参考模板

一、课程基本信息（不需填写，由系统自动生成）

课程名称：

课程代码：

课程类别：

课程性质：

开课年级：

课程类型：

面向专业：

学分：

二、预期学习成果（教学目标，同一门课程所有开课班应一致）

在课程结束时，学生需要能够：

三、教学日历（基本教学内容与学时安排，同一门课程所有开课班应基本一致）（以每次课堂为组织单元，对视频资源进行有效的组织，明确课前应该看哪些资源、课上讲授内容等；目的是让学生了解该门课程主要内容及学时安排，引导学生自主学习，因此请以知识单元为基本进行组织，同时将考核环节各项要求体现在相应学时中）（见表1）

表 1　教学日历

日　期	周次 （第几周）	星期 （星期几）	讲次 （第几讲）	教学内容	学时分配		对学生的 要求
					理论课学时	实验实践学时	

四、教材及参考资料（同一门课程各开课班可适当不同）

1.　　　；

2.　　　。

五、考核方式及评分标准（出勤、作业/小论文、平时测验、半期考试、期末考试、课堂表现，同一门课程所有开课班应基本一致）（希望与授课助手协同，与成绩评定协同）（目的是让学生开课前明确考核方式，科学合理安排时间，是学生预习复习及完成各个考核环节的参考。各环节何时实施应在"基本教学内容与学时安排"进行体现）（见表2）

表 2　考核方式及评分标准

考核方式	考核详细说明	所占比例
出勤		
作业/小论文		
课堂表现		
期末考试		
......		
总计		100%

六、成功的技巧（教师对学生的建议，同一门课程各开课班可不同）

七、学术诚信规定（同一门课程各开课班可不同）

八、其他（任课教师可根据实际情况拟定，同一门课程各开课班可不同）

附录 4-9　西南交通大学本科课程学生学习体验调查管理办法（XJZB-4303-1.0）

编号	XJZB-4303
版本	1.0
生效日期	2016 年 4 月

西南交通大学本科课程

学生学习体验调查管理办法

目　录

为进一步提高课程教学质量，完善本科教学质量保障体系，更加全面、及时、准确地了解学生对课程学习和教师教学的体验，结合我校实际情况，制订本办法。

一、适用范围

本办法适用于西南交通大学本科公共基础课、通识课、专业课以及新生研讨课。

二、与其他文件关系

本办法是本科生课程学习体验调查的纲领性文件，依据本办法制定了《西南交通大学本科课程学生学习体验调查问卷》（XJZB-4403-1.0）。

三、调查目的与结果运用

开展本科课程学习体验调查是为了了解学生对于其在课程中的学习体验的看法，主要目的在于：

（1）让学生有机会反馈他们的课程学习体会，从而帮助课程教学质量的提升；

（2）为学校、学院、系提供监控课程教学质量与学生学习质量的手段。

课程学习体验调查可以用于以下3个方面：

（1）评价某一门课程与其他课程相比，是否在某个维度上被认为"更好"或者"更差"；

（2）评价学生对于课程的看法是否随着时间推移而改变；

（3）认识到学生所关注的领域，这一点在提高课程质量时需要额外关注。

课程体验调查本身并非课程质量的诊断工具，也不可作为教学表现的评价指标。因为课程体验调查数据的局限性，因此必须还要有其他的数据（比如专家评价等）来诊断课程或者评价教师教学表现。

四、组织与职责

1. 质工委主导全校学生的课程学习体验调查工作，负责调查题目与调查结果的发布和解释。

2. 质工委本科教学质量保障分委会负责学校本科课程学生学习体验调查工作的具体实施。分委会可与教务处进行合作，开展对本科课程学生学习体验网上调查工作的组织与管理，对网上学生学习体验调查结果进行汇总、统计和分析，并形成调查报告。

3. 各教学单位应根据本单位实际情况建立机制，鼓励教师充分关注、积极参与并有效利用学生课程学习体验调查，不断提升教学质量；学院应对每学期课程学习体验结果进行分析与反馈，形成课程教学持续改进机制。

4. 各门课程负责人应组织任课教师在开学之初，选定若干个与本课程最相关的可选题发布；在课程结束之后，各门课程应结合学生课程体验调查结果，对学生的课程学习进行教学反思，不断改进教学。

五、调查实施

（一）调查表说明

1. 调查表结构。

《西南交通大学本科课程学生课程学习体验调查问卷》围绕学生对课程的总体感觉、学生对自己学习成果的感受以及学生对教师授课情况的看法 3 个方面设置相关题项，由必选题和可选题构成：

（1）必选题：包括 12 个题项，是每门课程学生学习体验调查的必答项；

（2）可选题：授课教师、课程负责人、学院以及课程评估专家在提交课程执行大纲时（每学期开学第一周），根据课程特点，选择若干题目增加到《西南交通大学本科课程学生课程学习体验调查问卷》中，从而获得更多的学生关于课程体验的反馈，增加的题目数建议为 5 ~ 15 个。

2. 评分方式。

计入总分的题项为必选题的前 10 题。这 10 道题采用李克特五点评分法，得分越高说明学生课程学习体验越好。

（二）调查实施流程

1. 调查时间。网上学生课程学习体验调查系统于每学期课程接近结束至期末考试成绩查询前开放，通常在第 13 ~ 20 周进行，学生在此期间依据本学期所学课程的体验对相关问题进行作答。

2. 调查方式。学生课程学习体验调查采取学期末学生网上调查的方式，具体做法是：学生凭个人账号和密码登录西南交通大学教务管理系统，进入课程体验调查平台，对课程学习和教师教学情况进行评价。

六、保密原则

在组织、实施学生课程体验调查以及对调查结果进行发布时，要确保对学生的个人信息的严格保密。

附录 4-10　西南交通大学本科课程评估指标（XJZB-4401-1.0）

编号	XJZB-4401
版本	1.0
生效日期	2016 年 4 月

西南交通大学本科课程

评估指标

西南交通大学本科课程评估指标

序号	评估内容	评估点	评估指导
1	教学目标与学习成果	1.1 课程教学目标设置恰当，有效支持相关专业毕业要求并包含多维度深层次教学目标。 1.2 课程对学生学习成果有明确的评价方法，相关证明材料及其分析能够清晰反映学生的课程学习成果，且这些学习成果与教学目标相对应。	《西南交通大学本科课程教学目标与学习成果评估指导》（XJZB-4501-1.0）
2	教学内容与教学策略	2.1 课程教学内容与教学目标相对应，深度广度适当，能够反映相关学科领域最新发展。 2.2 课程知识点清楚，且知识点之间具有清晰的逻辑结构。 2.3 除课堂讲授外，课程采用了研讨式、实验实践、小组合作、写作、案例研究等多种教学活动，各项教学活动能够很好开展，有效调动了学生的学习兴趣与学习积极性，证据表明各项教学活动教学目标有效达成。 2.4 课程通过教学策略将课堂学习与课外学习有效结合，合理安排了各项教学活动的内容、顺序、学时，使得学生整个学期在课内课外都努力学习，从而有效达成课程教学目标。	《西南交通大学本科课程教学内容与教学策略评估指导》（XJZB-4502-1.0）
3	课堂教学行为与效果	3.1 课堂讲授重点突出，强调重点难点，通过举例等方法帮助学生意识到课程重要性，并强调各概念之间的联系。 3.2 讲授内容条理清晰，语言明了，授课方式吸引人。 3.3 教师通晓学科知识，能够用对学科专业的热爱和对教学的热情感染学生。 3.4 学生被教师吸引，上课注意听讲，不愿意缺课。	《西南交通大学本科课程课堂教学行为与教学效果评估指导》（XJZB-4503-1.0）
4	成绩评定与反馈	4.1 所采用的成绩评定办法与标准能够客观且公正评价学生学业表现，特别是不同教学班之间成绩评定标准具有较高一致性。 4.2 成绩评定包含多个考核项目，这些项目设置以及各项目所占比重是恰当的，能够充分且有效评价学生在所有教学目标上的达成度。 4.3 通过设置考核项目使得学生在整个学期中都不断努力学习，而不是仅仅依靠期末突击通过考试；及时将考核结果反馈给学生，从而在教学中尽力帮助学生了解如何学习能够获得好成绩。 4.4 在开课之初即向学生公布并解释成绩评定办法，对于每个考核项目尽量提前给出评分标准；按照大纲中公布的成绩评定办法进行考核，或对其进行的修改是合理且被学生理解的。 4.5 包含尽量多的与真实情境相联系的考核内容，包括学生生活场景或未来可能面临的工作场景等，从而帮助学生意识到所学知识的重要性。	《西南交通大学本科课程成绩评定与反馈评估指导》（XJZB-4504-1.0）
5	教学资源与学习支持	5.1 课程为学生提供了丰富且有效的课外学习资源，并指导学生如何高效获取并使用学习资源。 5.2 通过多种方式为学生提供了足够支持与指导，包括学习方法指导、课程答疑等；关注学习困难学生，为其提供支持以顺利完成课程学习。 5.3 课程充分发挥了研究生助教在提升课程教学质量中的作用，同时帮助他们通过助教经历提升自我。 5.4 课程关注学生的学习状况，利用各种技术手段收集与学生学习相关的信息和数据，积极开展关于教与学的研究，通过总结反思不断改进教学。	《西南交通大学本科课程学习资源与学习支持评估指导》（XJZB-4505-1.0）

编号	XJZB-4402
版本	1.0
生效日期	2016 年 4 月

西南交通大学本科课程

执行大纲评估表

西南交通大学本科课程执行大纲评估表

课程名称：_____　课程代码：_____　教学班号：_____

任课教师：_____　开课单位：_____　开课学期：_____

序号	评估内容	评估指标	等级				
			特优	优秀	良好	尚可	待改进
1	教学目标（预期学习成果）	课程教学目标设置恰当，不仅包含浅层次的"理解＋记忆"，能够有效支持相关专业毕业要求，并包含多维度深层次教学目标。（参见《西南交通大学本科课程教学目标与学习成果评估指导意见》）					
2	教学内容与教学策略、教学日历	课程教学内容与教学目标有明确对应关系，能支持教学目标的达成。课程教学采用了讨论式、研究式、合作式学习等教学方式，能够支持深层次教学目标达成。					
		教学日历中课程教学内容知识点清晰，逻辑结构合理，各个知识点课时安排恰当。					
		课内外学时安排合理（建议比例为1:1～1:2），从教学日历及"对学生的要求和建议"中可以看出课程安排了足够的课外学习量，保证学生的课外学习时间达到学时要求。					
3	教材与教学资源	课程选择优秀教材与参考书，满足国家或专业特殊要求。					
		课程为学生提供了丰富且有效的课外学习资源（包括在线课程、各种音视频资源、网上测试、网上答疑系统等）					
4	课程要求、考核方式与评分标准	执行大纲明确给出了课程对学生的要求，对出勤与迟到、未提交作业或者错过测验、学术诚信、课堂礼貌等方面均有明确说明。					
		成绩评定包含多个考核项目，各项目设置以及所占比重是合理的，能有效评价学生在教学目标上的达成度。					
		所采用的考核方式与评分标准客观且公正，特别是同一门课程不同教学班之间成绩评定标准具有较高一致性。					
5	课程信息与学习支持	课程执行大纲为学生提供了尽可能多的有用信息，比如先修课程、学习技巧等。					
		课程执行大纲通过"成功的技巧"等内容，能够有效指导学生如何学好该课程。					
6	总体评价	课程执行大纲撰写认真、规范，充分体现了以学生为中心的教学理念，是对课程学习的有力支撑，反映出教师严谨的教学态度，对所授课程充满热情，关心学生和他们的学习。					
		课程执行大纲很好地反映了教师对学生的期望与要求，能够很好激发学生对课程的学习兴趣与好奇心，能够帮助学生在开课之初就做好努力学习的准备。					

评价者签字：　　　　　　　　　　　　　　　　　　　　　　　年　　月　　日

附录 4-12　西南交通大学本科课程学生学习体验调查问卷（XJZB-4403-1.0）

编号	XJZB-4403
版本	1.0
生效日期	2016 年 4 月

西南交通大学本科课程

学生学习体验调查问卷

本问卷由必选题和可选题两个部分构成。

一、必选题

所有在教务网上开展的学生课程学习体验调查均包含如下 12 个必选问题。

1. 总体来说，我认为该课程很有用，我在课程中学到的东西对我今后的学习、工作和生活会有很大帮助。

    A. 完全符合　　B. 符合　　C. 基本符合　　D. 基本不符合　　E. 完全不符合

2. 总体来说，我认为该课程的教学很好地激发了我的学习兴趣并调动了我的学习积极性，我在该课程学习中付出了最大努力。

    A. 完全符合　　B. 符合　　C. 基本符合　　D. 基本不符合　　E. 完全不符合

3. 总体来说，我认为，该课程的教学组织得很好，授课教师教导有方。

A. 完全符合　　B. 符合　　C. 基本符合　　D. 基本不符合　　E. 完全不符合

4. 总体来说，我认为，课程为我们的学习设立了高标准，我必须努力学习才能达到要求。

    A. 完全符合　　B. 符合　　C. 基本符合　　D. 基本不符合　　E. 完全不符合

5. 通过该课程学习，我理解并掌握了课程重要基础知识，同时形成了较完整课程框架与知识体系。

    A. 完全符合　　B. 符合　　C. 基本符合　　D. 基本不符合　　E. 完全不符合

6. 通过该课程，我学会了如何将知识应用于实践。

    A. 完全符合　　B. 符合　　C. 基本符合　　D. 基本不符合　　E. 完全不符合

7. 我认为授课教师学科知识渊博，上课充满激情，讲解清晰有条理，富有启发性。

    A. 完全符合　　B. 符合　　C. 基本符合　　D. 基本不符合　　E. 完全不符合

8. 老师为我提供的学习资源以及引导我们自主寻找的学习资源（包括教材、讲义、参考书目、网上测试资源等），对我的学习帮助很大。

    A. 完全符合　　B. 符合　　C. 基本符合　　D. 基本不符合　　E. 完全不符合

9. 我认为该课程的成绩评定方法中所包含的考核项目，如考试、课程设计、课程报告等，可以很好地引导我学习，特别是激励我在整个学期中都努力学习。

    A. 完全符合　　B. 符合　　C. 基本符合　　D. 基本不符合　　E. 完全不符合

10. 作业和考试后，老师或助教针对我的学习情况给予了及时且有价值的反馈，这些反馈可以很好地帮助我了解如何改进学习。

    A. 完全符合　　B. 符合　　C. 基本符合　　D. 基本不符合　　E. 完全不符合

11. 你认为该课程哪个方面你最满意？

_____

_____

12. 你认为该课程哪个方面最需要改进？

_____

_____

二、可选题

除上述 12 个必选题，我们鼓励授课教师在以下 6 个方面的可选题中选择若干题目增加到《西南交通大学学生课程学习体验调查表》中，从而获得更多的学生关于课程体验的反馈，建议每个方面选择题目数为 2~3 个，增加的题目总数不超过 15 个。（见表 1~表 6）

表 1　学生学习成果和能力提升

1.1	该课程提升了我的写作表达能力
1.2	通过学习该门课程，我的分析能力得到了发展
1.3	该课程提升了我解决问题的能力
1.4	该课程提升了我的口头表达和沟通能力
1.5	通过学习该门课程，我的专业技术能力得到了提升
1.6	通过学习该门课程，我的领导能力得到了发展
1.7	该课程启发了我的思考，提升了我的批判性思维能力
1.8	该课程提升了我与他人合作的能力
1.9	我在该课程学习的原理、发展的技能对今后的工作是有益的
1.10	完成课程学习之后，我对我的专业有了更加整体的认识

表 2　课程结构和组织

2.1	对我而言，课程教学目标清晰明了
2.2	我很清楚该门课程对我的要求和期望
2.3	课程教学内容和课程教学目标相一致
2.4	教师能够清晰地解释教学中的重难点
2.5	随着课程教学的进行，我能够理解课程各主题（章节）之间的关系
2.6	课程设计能够推动我有效学习
2.7	我课外用于学习该课程时间超过了课内时间
2.8	老师能根据我的学习情况调整和改进教学

表 3　学习共同体

3.1	我能够和教师以及学生共同探索学术兴趣
3.2	我学会了与他人一起，自信地探索想法和观点
3.3	该门课程营造了一个鼓励交流想法和观点的氛围
3.4	客座教师的讲授有助于我们更好地学习这门课程
3.5	这门课程重视学生的合作学习
3.6	授课教师鼓励学生提问以及自由表达自己的观点
3.7	课堂上用于讨论的问题具有挑战性
3.8	课堂时间得到了高效利用
3.9	当我学习遇到困难时，可以从老师或助教那里得到帮助和支持

表4　学生参与及努力程度

4.1	学习对我具有一定的挑战性，且我能时刻保持学习的动力
4.2	在该门课程的学习中，我投入了很多精力
4.3	我能高效地学习这门课程
4.4	我通常能够在课前完成规定的阅读
4.5	我能够独立完成作业
4.6	我经常参与课堂讨论
4.7	我经常在课下跟老师请教或者讨论课程内容
4.8	我经常在课下跟同学讨论课程内容
4.9	我在该门课程的出勤率为下列选项中的： A. > 90%；B. 75%~90%；C. 50%~75%；D. 25%~50%；E. 25%。

表5　考核与反馈

5.1	课程考核内容很清晰地体现了课程目标
5.2	课程考核帮助我更加有效地学习
5.3	课程考核能让我了解我对课程的掌握程度
5.4	课程考核提升了我对课程核心概念的理解程度
5.5	我很清楚该门课程的评分标准
5.6	在学习该门课程时，我能够获得足够的反馈以指导我的学习
5.7	授课教师能够针对我的具体情况提出提升我学业表现的建议
5.8	授课教师对我的书面作业提出了有用的评价
5.9	授课教师能合理地安排评估任务

表6　教学资源及支持

6.1	提供的学习资源与课程内容及课程目标是紧密相关的
6.2	规定的教科书有助于我理解课程
6.3	推荐的参考书目有助于我理解课程
6.4	提供的课程习题是有价值的学习辅助材料
6.5	课程网上资源是有价值的学习资源
6.6	在线学习系统为合作学习提供了很好的契机
6.7	在线学习系统提供的信息有助于更好地安排和管理我的学习
6.8	信息技术能够促进有效教学
6.9	我很清楚有哪些资源可以促进学习

附录 4-13　西南交通大学本科课程教师教学自评表（XJZB-4404-1.0）

编号	XJZB-4404
版本	1.0
生效日期	2016 年 8 月

西南交通大学本科课程

教师教学自评表

每学期课程结束后教师在提交最终课程成绩时在教务网完成本自评表填写。本自评表包括两个部分，第一部分由 10 个问题构成，主要目的在于调查教师对于自己课程的看法，每学期固定不变；第二部分由 5 个问题构成，目的在于调查教师对于一些与教学相关问题的看法，质工委会根据每个学期关注的问题进行调整。自评表仅用于质工委调查分析教师对于课程教学相关问题的看法，调查结果不会用于课程、教学单位等的评估或者教师的个人考核。

1. 我认为大多数同学所取得的学习成果达到了我的教学目标，我对此满意。

    A. 完全符合   B. 符合   C. 基本符合

    D. 基本不符合   E. 完全不符合

2. 我认为大多数同学在整个学期中，无论在课内还是课外都能够努力学习，我对此满意。

    A. 完全符合   B. 符合   C. 基本符合

    D. 基本不符合   E. 完全不符合

3. 我采用了多样化的教学活动（如：研讨式/案例研究/小组合作/项目式等），这些教学活动有效调动了学生的学习兴趣与学习积极性。

    A. 完全符合   B. 符合   C. 基本符合

    D. 基本不符合   E. 完全不符合

4. 我认为大多数同学理解并掌握了课程重要基础知识，形成了较完整课程框架与知识体系。

    A. 完全符合   B. 符合   C. 基本符合

    D. 基本不符合   E. 完全不符合

5. 我认为通过课程教学，帮助大多数同学学会了如何将知识应用于实践。

    A. 完全符合   B. 符合   C. 基本符合   D. 基本不符合   E. 完全不符合

6. 我为学生提供了丰富的学习资源并引导他们自主寻找学习资源，从而帮助他们更好学习。

    A. 完全符合   B. 符合   C. 基本符合

    D. 基本不符合   E. 完全不符合

7. 我认为课程所采用的成绩评定方法可以很好地引导学生学习，特别是能够激励他们在整个学期中都努力学习。

    A. 完全符合   B. 符合   C. 基本符合

    D. 基本不符合   E. 完全不符合

8. 作业和考试后，我或助教对学生的完成情况进行了及时的反馈，从而帮助学生了解如何改进学习。

    A. 完全符合   B. 符合   C. 基本符合

    D. 基本不符合   E. 完全不符合

9. 本学期每周我在这门课花费的时间（含课内课外）大约是

    A. 少于 4 小时   B. 4～8 小时   C. 8～12 小时

    D. 12～16 小时   E. 16 小时以上

10. 我对课程助教的工作非常满意。

    A. 完全符合   B. 符合   C. 基本符合

D. 不符合　　　　　　E. 课程没有助教

11. 我觉得本学期我的教学任务偏多，影响了我的教学质量。

A. 完全符合　　　　　B. 符合　　　　　　C. 基本符合

D. 基本不符合　　　　E. 完全不符合

12. 我觉得通过合理安排教学工作量和时间精力，我有可能同时在教学和科研方面追求卓越。

A. 完全符合　　　　　B. 符合　　　　　　C. 基本符合

D. 基本不符合　　　　E. 完全不符合

13. 我认为学校以及学院（中心）的相关机制体制和政策，能够鼓励支持我不断追求教学卓越。

A. 完全符合　　　　　B. 符合　　　　　　C. 基本符合

D. 基本不符合　　　　E. 完全不符合

14. 我认为我所在的基层教学组织（课程团队、教研室等）所开展的教研活动，能有效帮助我提升教学质量。

A. 完全符合　　　　　B. 符合　　　　　　C. 基本符合

D. 基本不符合　　　　E. 完全不符合

15. 我愿意花费一些时间精力（比如每学期不超过 16 小时），参与教学改革与教学研讨，不断提升教学能力。

A. 完全符合　　　　　B. 符合　　　　　　C. 基本符合

D. 基本不符合　　　　E. 完全不符合

附录 4-14　西南交通大学本科课程课堂教学评估表（XJZB-4405-1.0）

编号	XJZB-4405
版本	1.0
生效日期	2016 年 8 月

西南交通大学本科课程

课堂教学评估表

课程名称：＿＿＿＿＿＿＿＿＿＿

课程编号：＿＿＿＿＿＿＿＿＿＿

任课教师：＿＿＿＿＿＿＿＿＿＿

时　　间：＿＿＿＿＿＿＿＿＿＿

地　　点：＿＿＿＿＿＿＿＿＿＿

本评估表共包括 12 个问题，每题分值为 1 到 7 分，我们分别给出了 1 分和 7 分的得分标准，请据此对课堂教学进行评估并在相应得分上打钩。

课堂上教了什么?

1. 课堂教学是否详略适当，突出了重点和难点?

7	6	5	4	3	2	1

课堂讲授重点突出，着重解释难点，课堂教学时间得到了充分利用。

课堂讲授无重点，不分难易不分巨细讲解所有内容，课堂教学时间利用不充分。

2. 课堂教学是否包含举例或者展示真实情境?

7	6	5	4	3	2	1

课堂上用具有吸引力的事例说明课程内容，向学生展示与课程相关的真实情境，帮助学生理解课程内容并意识到课程重要性。

课堂讲授仅限于解释概念，既没有生动的举例说明，也没有展示与课程相关的真实情境。

3. 课堂教学是否致力于帮助学生建立联系与概念性结构?

7	6	5	4	3	2	1

课堂上帮助学生整理学习内容，强调各概念之间的联系，帮助学生获得并理解相关背景知识，从而形成对内容的结构性认识。

课堂讲授局限于讲解孤立的概念，无法帮助学生有效形成对于课程内容具有概念性逻辑的结构性认识。

课堂上是如何教的？

4. 课堂教学是否条理清晰，语言明了？

7	6	5	4	3	2	1

讲授内容条理清晰，语言明了，无论话题如何复杂，教师都能够用明白易懂的语言表达出来，使得学生能够很好地理解这些知识。

多数时候讲解含糊不清，令人费解，学生对教师授课进程感到茫然，不理解教师为什么这样讲，甚至不懂为什么要讲这些内容。

5. 课堂授课是否能够吸引学生？

7	6	5	4	3	2	1

授课方式吸引人，能够激发学生的学习热情，产生浓厚的学习兴趣，几乎所有同学上课时注意力高度集中，很少分神。

授课方式无法吸引学生，学生认为课程讲解枯燥乏味，几乎没有同学能够在大部分上课时间里保持注意力集中。

6. 课堂教学是否充满激情，从而激发了学生对于学科和课程的积极情感？

7	6	5	4	3	2	1

教师表现出对所教授课程及学科的深刻理解与热爱，因而在讲解过程中充满了激情，学生因此受到感染并被深深吸引，从而激发出对于课程以及学科的积极情感。

教师对大多数内容的讲解无精打采，没有激情，甚至表现出厌烦情绪，学生没有受到教师的感染从而产生积极情感。

课堂上是否形成良好互动？

7. 课堂气氛是否积极融洽？

7	6	5	4	3	2	1

课堂气氛活跃，师生关系融洽，学生愿意靠近讲台和教师就座；能看到他们积极思考教学内容，同时对于教师的教学能够经常作出积极的响应。

课堂教学以"单声道"的讲授为主，学生没有机会参与教学活动，他们对教师教学反应冷淡，没有积极思考课程内容，课堂气氛死气沉沉。

8. 教师是否关注课堂情况并据此不断调整教学？

7	6	5	4	3	2	1

教师表现出对课堂情况的关注，让学生意识到教师关心他们的学习；同时有效实施课堂管理，根据课堂情况不断调整教学，保证学生能够在课堂学习中集中注意力。

教师对于学生出勤情况、课堂表现等漠不关心，对课堂出现的各种情况视而不见，学生认为教师不关心他们的学习。

9. 课堂教学是否促进了学生课外学习？

7	6	5	4	3	2	1

教师对课内外教学环节进行了综合设计，通过课堂教学，指导、鼓励并督促学生完成课外学习，特别是阅读、思考、写作、实践等深层次学习，学生在课内课外都能够努力学习。

教师不关注学生的课外学习，学生仅在课堂上通过听讲浅层次学习，课外学习特别是深层次课外学习严重不足。

你的总体感觉

10. 本次课堂观摩，你受到讲课的吸引程度如何？

7	6	5	4	3	2	1

我觉得被深深吸引，时间过得非常快。

我没有感到被吸引，时间过得非常慢。

11. 本次课堂观摩，你观察到学生受吸引程度如何？

7	6	5	4	3	2	1

我观察到大多数学生愿意靠近讲台和教师就座，他们大多数时间都被深深吸引，很少学生在课上做别的事情。

我观察到大多数学生不愿意靠近讲台和教师就座，除了刚刚上课的短时间，他们没有被课程吸引，大多数学生在课上做别的事情。

12. 总体来看你对本次课堂教学是否满意？

7	6	5	4	3	2	1

我对本次课堂教学非常满意，教师对于教学具有热情并非常投入，教师的"教"和学生的"学"能够非常好地配合协调。

我对本次课堂教学不满意，教师对于教学没有热情，投入也不足，教师的"教"和学生的"学"完全脱节。

改进意见和建议

编号	XJZB-4406
版本	1.0
生效日期	2016 年 4 月

西南交通大学本科课程

考核与反馈评估表

课程名称：＿＿＿＿＿＿＿＿＿＿

课程编号：＿＿＿＿＿＿＿＿＿＿

任课教师：＿＿＿＿＿＿＿＿＿＿

评估学期：＿＿＿＿＿＿＿＿＿＿

本评估表共包括 9 个问题，每题分值为 1 到 7 分，我们分别给出了 1 分和 7 分的得分标准，请据此对课堂教学进行评估并在相应得分上打钩。

课程考核项目设置是否恰当？

1. 课程是否对所有教学目标都进行了考核？

7	6	5	4	3	2	1

课程所有教学目标都有考核项目与之对应，特别对于超越"理解＋记忆"的高阶教学目标，如应用、写作表达、高级思维能力等，都对其达成情况进行了有效考核，促进了学生的深层次学习。

课程考核主要集中在理解、记忆这样比较低阶的教学目标，学生只需进行浅层次学习就可以取得较好成绩。

2. 考核项目设置以及各项目所占比重是否恰当？

7	6	5	4	3	2	1

针对教学目标，课程采用的考核项目类别、内容以及在总成绩中所占比重恰当；符合《西南交通大学本科课程成绩评定指导意见》（XJZB- 4102-1.0)；或虽不符合该指导意见，但能更好促进学生学习。

考核项目类别、内容与成绩比重设置不当，不符合《西南交通大学本科课程成绩评定指导意见》（XJZB-4102-1.0）且无法有效促进学生学习。

3. 课程考核项目设置是否贯穿整个学期？

7	6	5	4	3	2	1

课程考核贯穿整个学期，有效引导了学生在整个学期中都努力学习，特别确保了学生在课外也努力学习。

考核主要在期末进行，学生能够通过考前短时间突击学习通过考试甚至取得好成绩，没有引导学生在整个学期中都努力学习。

4. 课程考核是否包含了尽量多的基于真实情境的内容？

7	6 5 4 3 2	1

　　在考核中，包含了尽量多的与真实情境相联系的考核内容，包括学生生活场景或未来可能面临的工作场景等，从而帮助学生意识到所学知识的重要性并学会知识的应用与迁移。

　　考核内容与学生所处社会经济以及面临工作生活场景脱节，考核仅仅局限于寻找唯一的标准答案，无法帮助学生学会知识的应用与迁移。

成绩评定是否保证了公平公正？

5. 课程是否客观公正评价学生学业表现？

7	6 5 4 3 2	1

　　课程成绩评定客观公正反映学生学业表现，从而有效促进了学生努力学习。无论是考试还是非考试环节如报告、论文、课程设计等均有统一、明确的评分标准，保证评分的公平公正。

　　课程成绩评定不够客观公正。各考核环节，特别是非考试环节如报告、论文、课程设计等缺乏明确评分标准，教师打分比较随意。总体来看，成绩考核没有很好起到促进学生学习作用。

6. 同一门课程不同教学班的成绩是否具有一致性？

7	6 5 4 3 2	1

　　不同教学班不低于 80% 考核项目一样；正式考试考卷相同并有统一评分标准；非考试环节采用统一的评价要素表等评分标准；评定过程中多个教学班老师共同参与成绩评定，例如采用流水改卷等。

　　各个教学班成绩评定办法、评定标准和评定过程不一致，不同教学班中，相同成绩反映出的学生学业表现不一致，导致不同教学班之间成绩缺乏公平性。

7. 课程考核是否努力消除学生学术不诚信行为？

7　　　　6　　5　　4　　3　　2　　　　1

课程关注在考核中学生可能出现的学术不诚信行为，并向学生表明教师对于学术不诚信行为的不容忍态度。教师向学生解释作弊行为的害处和处理作弊的政策；课程通过精心设计考核方式，严格管理考核过程（如监考、论文查重等），尽量减少作弊和抄袭的机会；若发现不诚信行为，按照公布的政策迅速采取惩罚措施。

课程没有关于学术不诚信行为的处理政策；课程忽略考核中出现的学术不诚信行为，包括月考或期中考试等正式考试监考不严，不采取办法甄别学生在论文写作、程序编制、课程设计中的抄袭行为等；或即使发现不诚信行为也不采取任何惩罚措施。

是否通过考核帮助学生更好学习？

8. 课程是否通过向学生公布并解释考核方法与标准，帮助学生了解如何取得好成绩？

7　　　　6　　5　　4　　3　　2　　　　1

教师经常就成绩评定方法等与学生进行沟通，帮助学生知道如何通过努力学习获得好成绩。对于除考试以外的考核项目，比如口头或书面表达等，通过让学生了解评价要素表等评价标准，使其知晓如何更好完成考核任务。

教师没有提前公布考核办法，也从不试图让学生了解如何学习才能够获得好成绩。学生对于课程的考核与成绩评定办法感到茫然而不知所措。

9. 课程是否将考核评价结果及时反馈给学生，从而帮助他们更好学习？

7　　　　6　　5　　4　　3　　2　　　　1

课程总是及时将评价结果反馈给学生，帮助学生改进学习。例如，课程对学生的课堂活动表现给予及时反馈；在尽量短的时间内（如三天或一周）向学生发还已批改的试卷；对学生作业均给出书面评价，指出其优点和不足；定期和全班学生讨论作业情况和考试结果等。

教师从不向学生反馈考核评价结果，学生仅能够通过期末评分了解自己的课程学习情况。

改进意见和建议

附录 4-16   西南交通大学本科课程作业策略评估表（XJZB-4407-1.0）

编号	XJZB-4407
版本	1.0
生效日期	2016 年 4 月

西南交通大学本科课程

作业策略评估表

西南交通大学本科课程作业策略评估表

课程名称		教学班		任课教师	
课程编号			教学单位		

作业统计

作业序号	作业提交截止时间	作业类型（解题型、报告、设计等）	估计完成时间（小时）
1			
2			
3			
...			
合计完成时间（小时）			

作业总体评估

1. 作业布置节奏把握如何？

7   6   5   4   3   2   1

作业布置节奏把握较好，作业的布置与提交时间适当，与教学进程配合较好；课程经常要求学生上交作业，帮助学生养成定期和系统学习的习惯，同时让他们对自己能够做什么类型的作业或者学习任务形成清楚认识。

作业布置节奏把握不好，或者过于集中，或者次数偏少，或者时间节点不合适，导致学生没有很好地养成定期、系统学习的习惯；同时由于练习不足，学生对于可以完成什么样的作业或学习任务缺乏清楚认识。

2. 作业工作量是否适当？

7   6   5   4   3   2   1

课程在整个学期中平均分摊工作量；中等速度学生每周大约花费 1 到 2 倍于课内学时的时间用于课外学习。

作业工作量过于集中在某些教学周；或者整体工作量不足，导致大多数同学的课外学习时间少于课内学习时间。

3. 作业的类型是否适当且多样?

7	6	5	4	3	2	1

作业与教学目标、教学内容相适应,有多种不同的形式和类型,能够帮助学生达成应用、实践、创新、沟通表达、写作等能力培养目标,能够将作业与现实生活与真实工作情境紧密结合,从而充分调动学生学习兴趣和积极性。

作业类型较为单一,主要以寻找唯一正确答案的作业为主,对学生高阶能力培养没有起到太大作用,学生的兴趣和积极性也没有被激发。

4. 是否对学生作业提出高标准并严格要求他们?

7	6	5	4	3	2	1

课程为学生作业质量设立了高标准,同时鼓励学生高质量地完成作业;在提交时间方面有严格明确的要求;对作业中出现的学术不诚信行为有惩罚政策并严格执行;多数学生完成作业的质量较高。

课程没有对学生作业树立高标准,对于提交时间、学术诚信等疏于管理,大多数学生对作业敷衍了事。

5. 学生是否可以及时得到作业反馈从而更好学习?

7	6	5	4	3	2	1

课程通过评分、书面批改、课堂讨论、习题课等形式,向学生反馈作业完成情况,同时帮助学生了解能更好完成作业的方法和策略。

学生在完成作业之后,几乎没有获得任何反馈,因而在改进学习方面收获甚少。

改进意见和建议

编号	XJZB-4408
版本	1.0
生效日期	2016 年 4 月

西南交通大学本科课程

试卷审阅表

西南交通大学本科课程试卷审阅表

课程名称		教学班		任课教师		
课程编号		试卷份数		教学单位		
考卷名称（学期及考试类型，如月考、期中、期末等）						

	评估项目	特优	优秀	良好	尚可	待改进
1	考试题型与考试内容选择恰当，能够很好地考核相关教学目标的达成情况。					
2	考试内容与课程学习内容密切相关，同时针对重要概念和理论进行了考核，具有适当的深度和广度。					
3	题量合理，题目难易有梯度；有综合性题目考查学生对课程概念性结构理解；成绩具有较好的区分度。					
4	试题质量高，文字表达准确无歧义，插图清晰，试卷无明显错误。					
5	试卷归档材料完好、整洁；参考答案正确，评分标准清晰明了。					
6	红笔批改，得分或扣分标记清晰正确；严格执行评分标准，试卷批改公平公正，没有明显错误。					
7	教师对试卷以及考试结果分析准确全面客观，特别是关注了学生获得的学习成果，并将结果有效应用于改进教学。					

改进意见和建议

附录 4-18　西南交通大学本科课程作业审阅表（XJZB-4409-1.0）

编号	XJZB-4409
版本	1.0
生效日期	2016 年 4 月

西南交通大学本科课程

作业审阅表

西南交通大学本科课程作业审阅表

课程名称		教学班		任课教师	
课程编号		作业份数		教学单位	

作业名称（作业类型，内容提要，提交时间等）		

	评价项目	特优	优秀	良好	尚可	待改进
1	作业内容能有效支持教学目标达成且与教学内容密切相关。					
2	作业难易度与学生水平相适应，既具有较高挑战度，也不会让学生无所适从，不知从何下手。					
3	作业工作量能够保证学生有足够的课外学习时间。					
4	教师通过评分、书面批改、评讲、讨论等方式及时将作业情况向学生反馈，帮助学生更好学习。					
5	教师制定并严格执行课程政策，尽力督促学生按时提交作业并避免学术不诚信行为。					
6	总体来看多数学生能够高质量地完成课程作业。					

特色
（比如与现实生活或者真实工作情境相结合，高阶能力培养，小组合作等方面的特色）

改进意见和建议

附录 4-19　西南交通大学学生访谈记录表（XJZB-4410-1.0）

编号	XJZB-4410
版本	1.0
生效日期	2016 年 5 月

西南交通大学

学生访谈记录表

学生访谈记录表

访谈时间：　　　　　　　　　访谈地点：　　　　　　　　　访谈专家：

访谈对象概况 （不记名）	
访谈主要目的	
访谈问题	（以下访谈问题仅为引导性问题，建议专家根据实际情况或您想了解的内容自行提问。） 　1. 教师的课堂讲授是否清晰、重点突出且能启发学生思考？ 　2. 教师是否为课程设立了较高的标准，学生必须努力学习才能达到要求？ 　3. 通过课程学习，学生是否有效地掌握了课程知识点？随着课程教学的进行，学生是否能够理解课程各主题（章节）之间的关系？ 　4. 教师是否有效地调动了学生的学习兴趣与学习积极性？ 　5. 教师在教学中采取的教学方法和手段是否能够有效帮助学生理解课程内容？ 　6. 教师是否为学生提供丰富且有效的课外学习资源，并指导学生如何高效获取并使用学习资源？ 　7. 教师是否采取了措施以有效帮助学生进行课堂学习和课外学习？ 　8. 教师是否提前公布成绩评定的标准与方法，并通过考核项目及时引导和促进学生学习？ 　9. 教师是否能够采用多种方式为学生提供足够的支持与指导，包括学习方法指导、课程答疑等，并关注学习困难学生，为其提供支持以顺利完成课程学习？ 　10. 通过课程学习，学生有什么收获？
访谈感受及 反映出的问题	提示：请详细记录反映出的问题（包括潜在问题）。

附录 4-20 西南交通大学本科课程教学目标与学习成果评估指导（XJZB-4501-1.0）

编号	XJZB-4501
版本	1.0
生效日期	2016 年 5 月

西南交通大学本科课程

教学目标与学习成果评估指导

目　录

一、课程教学目标设置

教学目标是对课程的预先设定，是期待学生通过课程学习能够获得的收获。在设定课程教学目标时，课程应该致力于推动有意义的学习，也就是通过课程的学习让学生在某些方面发生变化，特别是使这种变化在课程结束之后应该还能持续下去。或者说，任课教师应该思考的问题是：我希望本课程的学习经历对学生产生哪些能在课程结束后一年左右还继续存在的影响？

课程在设置教学目标时，有如下两个方面的原则需要关注：

（一）课程教学目标应支持学生毕业要求达成

毕业要求是学生在毕业时所应该达到的知识、能力、人格、价值方面的要求。每个专业在培养方案中都有明确的毕业要求。课程在设置教学目标时，应该特别关注如何支持相关专业毕业要求的达成。

（二）课程教学目标应超越"理解＋记忆"的浅层次教学目标，包含多维度深层次教学目标

西南交通大学本科课程教学目标的五大类别（如表1所示）分别为学科专属知识与技能、高级思维能力、人文价值观、工作与事业准备、个人发展五大方面。建议课程从这5个类别出发，设计自己的教学目标。表中同时给出了25种具体教学目标的建议，并非所有课程都必须包含这25种教学目标，也不是课程只能包含这些教学目标。教学单位应当鼓励教师根据学科和课程特点，设置更多教学目标（只是在教学目标设置的时候，应该注意涵盖知识、能力、人格与价值等多个维度）。

二、课程教学目标的评估

在对课程教学目标进行评估时，主要包含以下两个方面的内容：

（1）课程教学目标设置是否恰当？

（2）课程教学目标是否达成？

下面对这两个问题分别予以说明。

（一）如何评估课程教学目标设置是否恰当？

目前绝大多数课程普遍存在教学目标过于单一的问题，课程教学目标主要局限在学科专属知识技能中的一部分，具体说就是"理解＋记忆"知识点。应该鼓励教师将更多的教学目

标纳入课程中。比如通识课程应该将提高写作能力作为重要的教学目标之一，而主流价值观形成与终身学习能力培养等也应是专业课应该承担的教学任务。因此，可以鼓励课程在5个类别上都涵盖一定数量的恰当的教学目标，并依此展开课程评估。

（二）如何评估课程教学目标是否达成（学习成果）？

当教师对课程进行自评估或专家对课程开展评估时，都需要针对课程的教学目标达成情况进行评价。在评估教学目标达成情况时，可以通过评价"学习成果＋课程设计"的方式来进行评价，即既包括结果评价（学习成果），也包括过程评价（课程设计）。具体来说，可以采用以下3类办法开展评价。

1. 增量评估

增量评估是通过评估学生在学习课程前后所发生的变化（增值）来评价课程教学目标达成情况。如果能够有较为可靠的方法收集到学生在学习课程前后所持有的观点、所达到的能力水平变化等，就可以通过分析课程带来的增量变化来进行评估。

增量评估主要用来衡量学生在学习课程前后观点、概念等发生的变化，可以通过调查问卷、课堂投票等方式收集证据。应注意收集证据的过程不要与分数、奖励批评等挂钩，应尽量采用匿名的形式，避免学生因感受到压力而无法作出真实选择。增量评估还可以用以评估某种特定技能的提升，比如通过教学使学生学会某种仪器或者软件的使用等。

2. 水平评估

水平评估是通过学生答卷、课程设计、课程论文、口头报告等所反映出的学生水平来评价课程教学目标达成情况。通常来说，当很难精确评价学生在上课之前所达到的水平时，可以通过评价学生学习课程之后所达到的水平来评价教学目标达成情况。

举例而言，当评价学生的"书面表达能力"时，不同学生在学习课程之前的"书面表达能力"存在很大差异性，比如有的学生可能不善于写作，有的同学可能很擅长文学作品写作，而有的同学可能很擅长说明文的写作等,这种情况下很难准确评价他们在学习课程之前的"书面表达能力"。因此课程在设定教学目标时，可以作出更精准定义，使其更容易进行评价。比如针对工科专业认证2015年毕业要求中的"能够就复杂工程问题与业界同行及社会公众进行有效沟通和交流，包括撰写报告和设计文稿、陈述发言、清晰表达或回应指令"，课程可以确定教学目标之一是"学生能够就复杂工程问题与业界同行进行有效书面沟通和交流"，这样可以通过评价学生能否完成一篇符合专业标准的科技论文来评价教学目标达成度；课程可以确定教学目标之二是"能够就复杂工程问题与社会公众进行有效书面沟通和交流"，则可以通过评价学生能否写作科普类文章，并使其能够保证易读性、准确性以及一定的趣味性等来进行评价。

3. 过程评估

过程评估主要适用于针对学生学习课程之前以及之后的水平都很难进行评价的教学目

标。过程评估是通过分析课程在教学过程中所采取的方法策略，以及学生在教学过程中的表现，以及学生对自己积极性、努力程度、收获等的看法等来旁证学习成果。

比如"培养同他人进行富有成效合作的能力"，无论是课前和课后，都很难直接评价学生的合作能力。此时一方面可以评价课程的方法与策略是否促进合作，例如是否有需要学生合作完成的作业或者项目，课程的成绩评定是否鼓励学生合作，另一方面可以依靠学生在合作中的表现以及他们对自己的评价进行判断，比如他们是否进行了合理高效的分工合作，学生是否认为自己积极参与了合作，并在合作中投入了足够时间和精力，是否满意合作的成果等。

表1 西南交通大学本科课程教学目标分类

类 别	教学目标
Ⅰ. 学科专属知识与技能	1. 理解并掌握课程重要基础知识，形成较为完整的概念性框架与知识体系（基础知识）
	2. 将课程所学原理与结论应用于新问题、新情境的能力（迁移）
	3. 应用课程所学知识与技能解决实际问题的能力（应用）
	4. 培养使用本课程材料、工具及技术的能力（工具）
	5. 掌握课程获取新知识的途径和方法（适应变化）
Ⅱ. 高级思维能力	6. 对事物进行分析、比较、评价、预测的批判性思维（批判性思维）
	7. 回答问题、进行决策、提出解决方案的实践性思维（实践性思维）
	8. 想象和创新新的观点、方案或产品的创造性思维（创造性思维）
Ⅲ. 人文价值观	9. 践行社会主义核心价值观，提升对国家、社会、环境、企业、家庭的责任感（社会主义核心价值观）
	10. 提升对人文学科的鉴赏能力（人文）
	11. 提升洞悉科技作用的能力（科技）
	12. 培养全面客观关注社会问题的能力（社会）
	13. 培养国际视野，以及跨文化沟通交流能力（国际化）
Ⅳ. 工作与事业准备	14. 培养同他人进行富有成效合作的能力（合作）
	15. 培养基于科学原理采用科学方法开展研究的能力（研究）
	16. 培养对工作勇于担当、精益求精的责任心（职业精神）
	17. 理解、掌握并能够应用工程管理原理与经济决策方法（管理与经济）
	18. 学会关注工作对社会、健康、安全、法律及文化的影响，并了解自身应承担的责任。（关注）
Ⅴ. 个人发展	19. 提升自控力与意志力（自控）
	20. 提升有效组织和利用时间的能力（时间管理）
	21. 提高书面表达能力（书面）
	22. 提高口头表达与沟通交流能力（口头）
	23. 成为主动且高效的学习者（终身学习）
	24. 促进情感健康与幸福（幸福生活）
	25. 促进身体健康与幸福（健康生活）

附录 4-21　西南交通大学本科课程教学内容与教学策略评估指导（XJZB-4502-1.0）

编号	XJZB-4502
版本	1.0
生效日期	2016 年 5 月

西南交通大学本科课程

教学内容与教学策略评估指导

目　录

一、名词解释

（一）教学内容

教学内容是指为了达成教学目标，学生应该学习的观点、知识、技能、方法等的总和。教学内容应该具有适当的深度和广度，同时各部分之间应该具有内在的逻辑关系。

（二）教学活动

教学活动是教学内容的载体，即通过在课内或者课外开展讲解、讨论、做实验、小组合作、写作、案例研究教学等独立的教学活动，让学生对教学内容进行学习。教师需要掌握一定的教学技巧来有效开展这些教学活动。

（三）教学策略

教学策略是为了实现教学目标，将各项独立的教学活动有效组织起来所进行的课程设计，其目标是达到学习活动的最佳组合和排序，以使得各种学习活动之间相互促进，并能够在整个学期中有效且持续地增强学生的学习动力。教学策略可以看成是若干教学活动所构成的有机整体。

二、如何评估教学内容

《西南交通大学本科课程评估指标》（XJZB-4401-1.0）中"教学内容与教学策略"中前两个评估点是针对教学内容：

评估点 2.1：课程教学内容与教学目标相对应，深度广度适当，能够反映相关学科领域最新发展。

评估点 2.2：课程知识点清楚，且知识点之间具有清晰的逻辑结构。

下面我们对其进行具体解读。

（一）课程教学内容是否具有足够深度，且学生是否能够达到这样的深度

在评估课程教学内容深度时，可以从"教"与"学"两个方面来进行考察：

（1）从"教"的方面来看，通过考察教材等教学资源、调阅教师备课文档（PPT、教案等）、课堂听课观摩等手段，考察课程教学内容深度是否适当。特别应该关注与国内外一流大学的课程教学内容相比，课程是否具有足够的深度。应该注意这里谈到的深度不是指知识点的晦涩难懂，而应该是与多维度深层次教学目标相对应。

（2）从"学"的方面来看，即通过考察学生作业、试卷、上课听课，以及学生访谈座谈等情况，考察学生是否进入深层次学习。特别应该关注"教"与"学"之间的差距，注意识别课程教得深但学生学得浅的问题，帮助教师提高教学效率和教学效果，引导学生进入深层次学习。

（二）课程教学内容的广度是否适当，与其他课程之间是否有很好衔接并且推动跨学科教学

在评估课程教学内容广度时，应重点关注其对本学科领域的覆盖以及跨学科两个方面：

一是应该注意考察课程对本学科领域的覆盖问题。应该明确这里所强调的恰当的课程内容广度，并不是简单将尽量多的内容放到课程中，而是要注意"教"与"学"的关系，考察学生是否能够通过课程学习获得足够的广度，特别关注其是否有助于帮助学生建立起较为完整的概念性结构。此外，还应该关注课程与其他课程是否有很好的衔接，这种衔接应该既有相应呼应，又不是简单的重复。在评估时可以通过调阅其他课程的执行大纲，或者对教师进行访谈，考察课程之间的衔接问题，要同时关注课程之间教学内容的割裂，以及过多重复这两个方面的问题。

二是考察课程是否包含适当的跨学科的内容。我们应明确学生未来所面临的问题是不分学科的，课程在教学过程中如果开展以问题为基础或者面向真实情境的教学，那么跨学科的内容就应该是必不可少的，在评估过程中应该推动教师在跨学科教学方面的探索。

（三）学科领域最新发展是否体现在课程教学中，特别教师是否将科研与教学相结合

由于学科知识不断更新，各种新的工具和方法也在不断出现，因此课程教学应该反映学科领域的最新发展，以帮助学生适应毕业后所面临的工作场景。即使是基础类课程，由于信息技术等的发展，教学内容和教学重点也在不断发展变化中。教师应该通过课程评估，推动课程教学内容的不断更新。此外，在评估过程中，还应该着力推动教师将科研与教学相结合，这样才能够建立起课程教学内容的持续更新机制。

（四）课程是否具有清晰的逻辑结构，知识点的分解是否恰当

教学研究表明，如果学生能够在头脑中建立起课程的逻辑结构，理解各个知识点之间的关系，他们可以更好学习，特别是更容易进入深层次学习。

目前大多数的课程在教学内容的选取和组织上，总体是根据教材来确定的，即将教材的章节标题作为课程教学的知识点，然而这是远远不够的。因而，在课程评估中，应该鼓励教师思考如何对课程知识点进行细分，同时如何将这些知识点有机结合形成概念性逻辑框架。

三、如何评估教学活动与教学策略

《西南交通大学本科课程评估指标》（XJZB-4401-1.0）中"教学内容与教学策略"中后两个评估点是针对教学活动与教学策略：

评估点 2.3：除课堂讲授外，课程采用了研讨式、实验实践、小组合作、写作、案例研究等多种教学活动，各项教学活动能够很好开展，有效调动了学生的学习兴趣与学习积极性，证据表明各项教学活动教学目标有效达成。

评估点 2.4：课程通过教学策略将课堂学习与课外学习有效结合，合理安排了各项教学活动的内容、顺序、学时，使得学生整个学期在课内课外都努力学习，从而有效达成课程教学目标。

下面我们对其进行具体解读。

（一）教学活动的选取是否合理，特别是否包含除课堂讲授外的其他教学活动

在互联网时代，学生和学习都发生了很大变化。由于智能手机等移动互联网设备的普及，大多数学生很难保持长时间集中精力听讲。此外，由于丰富的网上资源，课程也不再是学生获取知识的唯一途径。因而，长时间的"单声道"的课堂讲授，已经很难调动学生的学习兴趣与积极性。

另外，当我们的教学目标超越了简单的"理解＋记忆"，在包含应用、迁移、高级思维能力以及价值观等多维度之后，仅仅依靠传统的课堂讲授显然无法有效达成教学目标。

因此，一方面课程需要根据教学目标，选择恰当的教学活动；另一方面，课程在选择教学活动，也需要关注学生的基础、特点、兴趣等。评估一项教学活动是否恰当，需要从它是否有利于课程教学目标达成，以及是否能够激发学生学习兴趣与主动性两个方面进行。

（二）各项教学活动是否都得以有效开展，其教学目标是否达成

在评估各项教学活动时，评估专家应该帮助教师思考各项教学活动的教学目标是什么，这些教学目标与课程总体教学目标的关系是什么。同时，还应该关注并收集证据证明在教学活动中学生是否能够积极主动参与，教学活动是否得以有效开展，预定的教学目标是否达成。

在评估中应该关注课程可能出现的问题。比如有些教学活动设计巧妙，教师的教学技巧得到很好发挥，学生积极参与其中，但该教学活动对于支持课程总体教学目标达成起到的作用不大：此时需要思考，是应该在课程总体目标中包含更多内容，还是应该对教学活动本身进行调整。还有的课程中某些教学活动教学目标设计得很好，与课程总体教学目标关联度较大，但在实施过程中，学生不能够积极参与，最终效果不好：此时应该着重分析有哪些因素影响了教学活动的效果。比如是否教师的教学技巧需要进一步提升，或者教学活动本身是否

很难引起学生学习兴趣，学生从情感上不愿意参与教学活动，还有是否教学活动要求学生需要付出的时间无法保证等。

（三）教学策略是否能够支持课程教学目标的达成，教学活动的总体安排是否合理

教学策略是将所有的教学活动有机结合在一起进行的课程设计。在评估教学策略时，需要总体考察不同教学活动之间安排的顺序、学时等是否恰当，是否能够构成一个有机整体，相互协调、相互促进以支持教学目标的达成。在教学策略设计与评估过程中，应该关注如下问题：

一是教学活动的分化与综合问题。分化是指在教学过程中，既要使教学活动类型有所变化，以适应不同的教学内容和教学目标，又要随着课程的进行和深入，使教学活动的难度和挑战性有所提高，从而使学生逐渐学习如何处理更加复杂的问题。课程综合是指在每个教学单元结束阶段应该对一系列单独的教学活动进行综合，并在整个课程结尾阶段对各个教学单元进行综合。

二是教学活动时间表的制定问题。课程会在课程执行大纲的教学日历里面给出一个学期课程的教学安排。然而大多数课程的教学日历仅仅是关于教学内容的时间安排，并没有包括教学活动。如果在教学中包含除了课堂讲授而外的更多教学活动，教师就应该设计开展各项教学活动的时间表，时间表应同时包括课内以及课外的安排。在设计教学活动时间表的时候，教师可以依次思考如下问题：

（1）什么教学活动应该最先开展（即课程应该如何开始）？通过思考这个问题可以确定第一、二周开始的教学活动。

（2）结束时想开展什么教学活动（即课程应该如何结束）？通过思考这个问题可以确定应该安排在最后一两个星期的活动。

（3）什么活动可以构成课程的主体部分？可以根据课程的教学内容的顺序和特点，选择适当的教学活动。

应该允许教师在学期当中，根据课程实际情况对教学活动进行调整。应对可能发生的教学活动变化也是教学策略的一部分，包括留出一定的可以自由支配的时间等。

（四）课程是否通过教学策略设计，将课堂学习与课外学习有效结合，使学生的课外学习时间不少于课内学习时间？

想要改变目前学生只在课上学习、在期末考试前学习的情况，课程教学策略设计是关键。课程质量标准设定学生课内与课外学习时间之比应该在 1∶1～1∶2 之间。在教学策略设计以及评估中，一定要关注学生课外学习活动的安排，并通过课堂检查、考核等手段，保证学生认真完成课外学习活动。因此，在评估中，应重点关注两个问题。一是考察教学中是否包括明确的、恰当的课外学习活动安排，应对其学习内容、任务量、与其他教学任务关系、考核检查方式等进行评估。二是通过调阅作业、访谈学生等方式，评估学生是否有效完成了课外

学习活动，是否保证了足够的课后学习时间。

四、与学生课程学习体验调查问题的关系

《西南交通大学学生课程学习体验调查问卷》（XJZB-4403-1.0）必选题第 1～4 题中关于学生对于课程的总体感觉的调查，可以作为评估教学内容和教学策略的参考。

附录 4-22　西南交通大学本科课程课堂教学行为与教学效果评估指导（XJZB-4503-1.0）

编号	XJZB-4503
版本	1.0
生效日期	2016 年 5 月

西南交通大学本科课程

课堂教学行为与教学效果评估指导

目　录

一、为什么不能够把传递知识作为课堂教学的主要目的

尽管上课是掌握课程内容的必要条件，但相当部分的学习成果是在课外获得的，这一方面是由于课内学时数的限制，另外一方面是因为很多教学目标必须通过课外的阅读、思考和书面作业等才能完成。

对于一门 4 学分的课程来说，在为期 16 周的学习里，每周上课时间 3 个小时，这就意味着一学期的上课时间共 48 个小时。但事实上，由于测验、开学初和开学末的课堂活动占用了部分时间，而每节课还有些时间要用于课堂管理，因此真正用于课堂教学的时间可能不到 40 个小时，也就是还不到一周的工作时间。显然，如果一门课程的学习主要在课堂进行的话，学生能够学到的东西其实十分有限。而如果学生每上 1 小时课就增加 1~2 个小时的课外学习，那么每门课的学习时间将增加为 80~120 个小时。

同时，人们只有在安静、专注地阅读之后才能准确地理解、识别、记忆具体信息。学生对课程内容的深入思考也是通过独立完成书面作业得到加强的。很多能力的培养，比如写作能力，也必须通过课外的努力来得到提高。

因此，教师需要认真思考，到底课堂能够实现的最佳教学目标是什么。

二、课堂上应该教什么，如何评估课堂教学行为

（一）强调概念之间的联系，帮助学生建立起有关课程的整体概念性结构

所有课程都有与之相关的逻辑性、概念性结构。因此教师的职责不仅仅是讲授课程的事实性知识，还要帮助学生获得对该课程概念性结构的充分理解，只有这样，学生才能很好地理解和应用他们学到的知识。学生在学习具体概念时，如果能够得到相关的背景知识，就能够用多种方法重现获得的信息，从而远远超过学习孤立的概念所能取得的效果。

【评估重点】在进行课程评估时，特别在课堂观摩时，应该关注教师是否强调概念之间的联系，是否尽力帮助学生建立起有关课程的整体概念性结构。教师可能会采用不同的教学方法或者策略，比如通过不断地提出问题，或者利用思维导图工具等。思考课程的概念性结构是学生进入深层次学习的重要一步，可以避免学生只是零散地记住一些知识点。《西南交通大学本科课程学生学习体验调查问卷》（XJZB-4403-1.0）的第 5 题"通过该课程学习，我理解并掌握了课程重要基础知识，同时形成了较完整课程框架与知识体系"，询问了学生对于这个问题的看法，调查结果可以作为专家评估时的参考依据。

（二）激发学生对所学领域以及课程的积极情感，增强学生的学习动机来促进学生的学习

教师应该通过课堂教学，帮助学生把课程与他们所处的社会环境、个人的生活学习、未

来的职业情境等联系起来，让学生认识到学习课程的意义，增强他们的学习动机，并在真实情境中更好理解课程内容，教学研究表明，这一点对于激发学生的学习潜力是至关重要的。教师可以用具有吸引力的示例说明课程内容，一个好的例子，应该成为课程教学内容与真实情境的桥梁，能够激发学生学习兴趣，并加深他们对课程内容的理解。课堂教学中老师对学生的鼓励或者恰当的批评，都能够让学生产生积极的情感，让学生感觉到老师是关注他们的学习并愿意帮助他们更好学习的。

【评估重点】在课堂观摩时，专家可以注意观察以下 3 个方面：教师是否表现出对所教授课程及学科的深刻理解与热爱，因而在讲解过程中充满了激情，学生因此受到感染？教师是否尽力让学生认识到并且坚信课程学习对于他们未来生活工作是有用的，学生的学习兴趣是否由此得到激发；对于学生的学习，教师所表现出的是高度关注还是漠不关心，比如教师是否在教学中通过适合的课堂交互、恰当的表扬和批评，来激发学生对于课程学习的积极情感。

《西南交通大学本科课程学生学习体验调查问卷》的第 1 题"总体来说，我认为该课程很有用，我在课程中学到的东西对我今后的学习、工作和生活会有很大帮助"，询问了学生是否认为课程是有用，第 2 题"总体来说，我认为，该课程的教学很好地激发了我的学习兴趣并调动了我的学习积极性，我在该课程学习中付出了最大努力"，询问了学生是否认为自己的学习兴趣得到激发，学习积极性被调动起来。这两道题的调查结果可以作为专家评估时的参考依据。

（三）强调课程重点，解释特别难懂的概念、理论或者方法

在有限的课堂时间里，教师需要特别关注讲什么，花多少时间讲，如何讲。因此需要分析并且估计学生的学习能力，考虑如何督促他们在课下学习，并只把他们很难通过课下学习理解的难点放在课堂上进行讲解。

【评估重点】在进行课程评估时，特别在课堂观摩时，应该关注教师是否抓住了这一节课程的重点，讲解是否详略得当。可能有两种情况：一是讲解过于简略，所有问题都一带而过，重难点部分没有强调并深入讲解，造成学生没有理解；第二种情况是不分重点，不管难度，对所有内容都进行详细讲解，造成学生缺乏思考，成为知识的被动接收者而非主动学习者。

（四）保证学习进度，强调学习任务时间性

课堂教学要保证其时间分配的合理性，教师应该能够完成教学进度，并保证学生能够跟得上教学进度。也就是通过恰当的时间安排，保证最大限度地达成教学目标。

【评估重点】在进行课程评估时，特别在课堂观摩时，可以注意评估课程的教与学是否都在有效进行，提前判断课程教学目标在课程结束时能否达成。应该关注以下问题：第一，是否课程在按照执行大纲中教学日历的安排正常进行，如果课程与既定的教学日历有较大变化，专家需要与教师进行沟通，了解原因并对于课程的时间安排给予必要的建议；第二，应

该关注教师对学生各项学习任务完成要求是否合理，是否对学生进行了说明，是否绝大多数学生都能够达到相关要求。

三、课堂上应该如何教，如何评估教师的课堂表现

《掌握教学技巧》一书对于为了找到优秀教师的特性，请学生们用词语来评价他们心目中的优秀教师，其中出现频率较高的评语如表1所示。

表1 有效高校教学的二维扩大模式中的相关形容词

维度 I：求知热情			
描述词	出现次数	描述词	出现次数
充满激情	68	吸引人	18
知识渊博	45	准备充分	16
有启发性	43	充满活力	15
幽　默	34	令人愉快	13
有　趣	31	活跃思维	13
讲解清晰	25	有创造性	12
有条理	22	讲解效果好	11
激动人心	22	善于交流	10

【评估重点】在进行课程评估时，特别在课堂观摩时，在评价教师的课堂表现时，可以参照上述表格中的要素进行评价。我们在设计评估表时，也把我校优秀教师常具有的一些特性提炼出来。《西南交通大学本科课程学生学习体验调查问卷》必选题第7题"我认为授课教师学科知识渊博，上课充满激情，讲解清晰有条理，富有启发性"，询问了学生对于教师是否知识渊博、充满激情、讲解清晰、有条理、富有启发性等方面的看法，这些方面在上表中也都是出现频率比较高的优秀教师特性，调查结果可以作为专家评估时的参考依据。专家在观摩课堂和学生访谈座谈时，也可以对其他特性进行重点关注。

附录 4-23　西南交通大学本科课程成绩评定与反馈评估指导（XJZB-4504-1.0）

编号	XJZB-4504
版本	1.0
生效日期	2016 年 5 月

西南交通大学本科

课程成绩评定与反馈评估指导

目　录

一、名词解释

（一）课程成绩评定办法

课程成绩评定办法是指在课程执行大纲中预先公布的，评定每一位学生课程成绩的办法。课程成绩评定办法应明确哪些考核项目的得分构成学生最终课程成绩，这些考核项目所占比重分别为多少，以及每个考核项目的评分方法。

（二）课程成绩评定考核项目

课程成绩评定考核项目是指课程成绩评定办法中所包含的具体项目，比如一门课程可能包含正式考试、课程报告、小作文等若干考核项目。

（三）评分标准

考核项目评分标准是指针对每个考核项目教师所给出的细化的评分标准，这个标准一方面可以保证不同教学班，不同评分教师之间评分标准的一致性，另一方面如果能够提前向学生公布评分标准，可以帮助他们了解如何学习能够取得好成绩，鼓励他们做更好的学生。

（四）成绩评定指导意见

《西南交通大学本科课程成绩评定指导意见》（XJZB-4102-1.0）作为西南交通大学本科教学工作委员会制订颁布的成绩评定指导意见，给出了关于课程成绩评定原则、成绩构成与考核环节、成绩评定标准发布等方面工作的指导意见。该文件可以作为教师制订成绩评定办法时的参考文件，也是课程评估时的重要依据。该指导意见并非课程考核的唯一标准，评估专家应该允许并鼓励教师追求教学卓越。当课程实际采用考核标准与本指导意见不一致时，专家应重点考察课程是否通过考核促进学生努力学习，特别是进入深层次学习，从而达到教学目标，并以此作为评估结论。

二、评估原则

"课程成绩评定与反馈"评估应遵循以下原则：

一致性：课程是否有效保证了不同学生、特别是不同教学班学生之间成绩评定的一致性，从而保证课程成绩为学生学业表现提供可靠的结论性评价。

促进学习：课程是否精心设计和执行了成绩评定办法，从而充分激发学生的学习兴趣和学习潜力，有效地促进他们在整个学期中都能够努力学习并追求卓越。

改进教学：课程是否通过成绩评定来有效考核教学目标的达成，特别是对于那些超越"理解＋记忆"的教学目标，从而使得教师能够通过检视课程学习成果来不断改进教学。

三、"课程成绩评定与反馈"评估要点及说明

（一）所采用的成绩评定标准与办法能够客观且公正评价学生学业表现，特别是不同教学班之间成绩评定标准具有较高一致性

【评估说明】本要点需要评估如下两个问题：

（1）评估所采用的成绩评定标准与办法是否能够客观公正评价学生学业表现，这一点对于促进学生努力学习至关重要。例如，如果采用正式考试，是否能够保证监考水平达到要求？如果采用论文写作，那么是否对论文抄袭等行为进行必要的检查？各种非考试环节，如报告、论文、课程设计等是否有统一、明确的评分标准等。

（2）有多个教学班的情况下，评估不同教学班之间成绩评定标准是否一致，可以从以下方面考虑：评定办法一致性：比如是否保证80%以上的考核项目应该是一样的；评分标准一致性：是否每个考核项目的评分标准是一致的，例如考卷有统一的评分标准，非考试环节采用统一的评价要素表等；评定过程一致性：是否多个教学班老师共同参与成绩评定，比如采用相同试卷，流水改卷等。

（二）成绩评定包含多个考核项目，这些项目设置以及各项目所占比重是恰当的，能够充分且有效评价学生在所有教学目标上的达成度

【评估说明】本要点需要评估如下两个问题：

（1）是否对所有教学目标进行了考核，特别应关注对于超越"理解＋记忆"的教学目标，如应用、写作表达、高级思维能力等，是否对其进行了有效的考核？

（2）考核项目设置是否符合成绩评定指导意见？如果不符合专家需对其在能否更好促进学生学习并能否保证公正性等方面进行评估。

（三）通过设置考核项目使得学生在整个学期中都不断努力学习，而不是仅仅依靠期末考试突击学习通过考试；及时将考核结果反馈给学生，从而在教学中尽力帮助学生了解如何学习能够获得好成绩

【评估说明】本要点需要评估如下两个问题：

（1）是否在学期当中通过考核促进学生不断学习？很多课程存在平时考核不足，学生主要依赖期末考试前突击通过考试。学生会在课程结束后快速地将课程知识遗忘。专家应该通过课程评估，向教师传达这样一个观点，考核的最终目的不是根据成绩把学生分成三六九等，而应该成为促进学生学习的手段。专家也应该鼓励教师根据课程特点，探索适合的考核方法，

促进学生学习，特别是在课后学习，从而达到课程标准里面课内外学时比例达到 1：1～1：2 之间的要求。《西南交通大学本科课程学生学习体验调查问卷》（XJZB-4403-1.0）必选题第 9 题，"我认为该课程的成绩评定方法中所包含的考核项目，如考试、课程设计、课程报告等，可以很好地引导我学习，特别是激励我在整个学期中都努力学习"，其调查结果可以作为评估参考。

（2）《在大学本科教育中恰当应用七条教学原则》中的第四条是"良好的教学实践总能得到及时的反馈"。学生需要对他们的课堂表现得到及时的反馈评价，这会对他们的课程学习有好处。在课程开始，学生需要在评估他们现有的知识和能力方面得到帮助。在教学过程中，学生需要不断表现的机会和接受改进建议的机会。学生需要学习对他们自己的学习进行评价，以及如何改进他们的学习。因此，专家在评估课程时，可以通过课堂观摩、教师与学生访谈等方式，了解课程是否对学生的课堂活动表现给予了及时的反馈？是否在尽量短的时间内（比如三天或者一周）发还给学生已批改的试卷，是否课程对学生的课堂作业都要给出书面评价，指出他们的优点和不足，以及教师是否定期和全班学生讨论课堂作业情况和考试结果等。《西南交通大学本科课程学生学习体验调查问卷》（XJZB-4403-1.0）必选题第 10 题，"作业和考试后，老师或助教针对我的学习情况给予了及时且有价值的反馈，这些反馈可以很好地帮助我了解如何改进学习"，其调查结果可以作为评估参考。

（四）在开课之初即向学生公布并解释成绩评定办法，对于每个考核项目尽量提前给出评分标准；按照大纲中公布的成绩评定办法进行考核，或对其进行的修改是合理且被学生理解的

【评估说明】

（1）在开课之初公布并解释成绩评定方法是为了让学生能够尽早知道如何通过努力学习获得好成绩。对于除了书面考试而外的许多考核项目，比如口头或书面表达等，如果能够给出类似评价要素表这样的评分标准，就可以帮助学生了解如何更好地完成每一项考核任务，同时也能够比较好地避免评分的不一致性。专家应鼓励教师在这个方面的努力。

（2）对于大纲中已经公布的成绩评定办法，注意应该允许教师根据教学实际情况在学期过程中进行调整，但应尽量保证调整是慎重且必要的，特别应对学生进行必要解释以避免学生的无所适从。专家应通过调取材料、访谈教师学生等来评估成绩实际评估过程是否按照执行大纲进行或者其调整是否慎重合理且必要。

（五）包含尽量多的与真实情境相联系的考核内容，包括学生生活场景或未来可能面临的工作场景等，从而帮助学生意识到所学知识的重要性

【评估说明】这一点对于提升学生学习兴趣，激发他们的学习潜力非常重要，应鼓励教师在这个方面的探索。

编号	XJZB-4505
版本	1.0
生效日期	2016 年 5 月

西南交通大学本科课程

教学资源与学习支持评估指导

《西南交通大学本科课程评估指标》（XJZB-4401-1.0）中"教学资源与学习支持"共包括以下 4 个评估点，分别解读如下：

评估点 5.1　课程为学生提供丰富且有效的课外学习资源，并指导学生如何高效获取并使用学习资源。

由于互联网的迅速发展，可供学生学习的教学资源越来越多元化，课堂与教材不再是唯一途径。因此，教师应该把自己的身份从课程的讲解者转换为学生学习环境和学习经历的设计者。

在教学中，一方面课程应为学生提供形式丰富的学习资源，适合不同学生的学习兴趣和学习特长，比如各种阅读文档、音视频材料、网上题库等，并且应该通过教学策略对围绕这些学习资源完成的教学任务统一设计，从而达成教学目标。另一方面，课程还应该使得学生知悉如何高效获取学习资源，指导他们利用文献检索数据库、网上课堂、在线课程、学习交流群等途径进行学习，从而帮助他们成为主动且高效的学习者。

【评估说明】在评估过程中，专家可以通过与教师、学生的交流，同时考察教学资源，来评估教学资源是否充足，是否具有较高质量。另外，专家应该关注课程是否指导学生获取以及使用教学资源，这是学生自主学习非常重要的一个方面。《西南交通大学本科课程学生学习体验调查问卷》（XJZB-4403-1.0）中必选题第 8 题"老师为我提供的学习资源以及引导我们自主寻找的学习资源（包括教材、讲义、参考书目、在线课程、网上测试资源等），对我的学习帮助很大"，询问了学生对这个问题的看法，其结果可以作为评估参考。

评估点 5.2　通过多种方式为学生提供足够支持与指导，包括学习方法指导、课程答疑等。关注学习困难学生，为其提供支持以顺利完成课程学习。

教师应该充分利用课内以及课外时间对学生的学习提供指导。在课堂上，教师可以为学生介绍学习方法，或者鼓励学生之间分享学习方法，帮助学生了解如何才能更好学习。在课外，课程应安排合理的时间以及途径解答学生疑问。要让学生意识到，教师关注他们的学习，并愿意尽最大努力帮助他们改进学习。课程应该采用一定的方法手段，鼓励学生主动参与课外的指导。比如在助教帮助下将部分课内教学活动移到课外进行，在课外时间安排习题课、课程设计指导等，使得学生能够根据自身需要更有目的地参与课外的指导。此外，课程还可以通过各种信息化平台建立课程群，组织学生在线讨论并回答学生的问题。

课程应该对学习困难学生予以关注和更多支持帮助，注意在学期中应该不断评价学生学习，及时发现学习遇到困难的学生并给予支持帮助。教师应该避免只关注班上学习积极、学业表现好的学生，应该对所有学生都报以期待并帮助尽量多的学生达成教学目标。

【评估说明】在评估过程中，专家可以通过与教师、助教以及学生的访谈座谈，了解课程是如何对学生进行指导，以及学生是否认为课程给予了他们足够的指导帮助。对于目前普遍存在的学生很少参加课外答疑的问题，评估专家应该帮助教师认识到，鼓励学生答疑或参与其他课外学习指导也是教学的一部分。在评估时还特别应该对学习困难学生予以关注，应帮助教师意识到，学生之间存在学习兴趣、习惯、能力等的差距，应对学习遇到困难的同学予以更多的支持帮助。评估课外指导情况时，应避免简单地统计课外指导时间次数等，应更加关注课外指导的效果，比如有多少学生得到了课外指导，学生是否认为这样的指导帮助他们改进了学习等。要允许并且鼓励老师利用各种通信工具平台对学生进行指导，提高教学效率。

评估点 5.3　课程充分发挥了研究生助教在提升课程教学质量中的作用，同时帮助他们通过助教经历提升自我。

应该认识研究生助教是提高本科教学质量的重要有生力量。同时，聘任研究生担任助教也是研究生培养的重要环节。

【评估说明】在评估过程中，应该通过与教师、研究生助教和本科学生的座谈访谈，调阅研究生助教准备的教学资源，或者观摩研究生组织的研讨课、习题课等手段，了解研究生助教的工作情况。应重点关注如下 3 个问题：一是课程为研究生助教安排的每周工作时间是否在 8 小时左右，如果工作量太大会对研究生自身学习造成影响，太少则没有充分发挥研究生助教的作用。二是课程是否为研究生助教安排了其能够胜任的工作并对其进行了充分的培训和指导，保证研究生助教能够以较高质量完成相关工作。要注意避免在没有培训或者指导的情况下将研究生很难胜任的工作交给他们去做，导致教学质量下滑。三是课程是否明确了研究生助教在课程中所负的责任，是否有恰当的手段和方法对他们进行评价并鼓励他们努力工作。

评估点 5.4　课程关注学生的学习状况，利用各种技术手段收集与学生与学习相关的信息和数据，积极开展关于教与学的研究，通过总结反思不断改进教学。

如果希望教学质量能够不断提升，课程必须关注并且研究学生的学习，形成反馈从而不断改进教学。可以采用的手段包括利用调查问卷等调查学生的兴趣、态度；利用课程信息平台收集学生学习过程数据，例如错题情况、视频回看情况；对试卷、论文等分析得到学生学习成果；通过学生在线提问、学习总结等分析学生采用的不同学习方法以及不同感兴趣点等。课程必须通过研究学习，了解学生对于课程所采用的认知方式，知道如何激发学生学习兴趣，激励学生学习动机，以及如何评价学习成果等，才有可能提高教学效率，真正达成多维度深层次的教学目标。

【评估说明】评估中，专家可以与教师交流，同时调阅调查问卷、试卷分析、自评估报告等，了解教师是否关注了学生及其学习。同时，专家应与教师共同探讨哪些方法可以搜集相关信息和数据，以及如何分析并应用这些信息数据来提升教学质量。一定要传递给教师这样的理念，教学不能只凭教师的一厢情愿，一定要关注"教"与"学"之间的差距，要形成关于学习的研究结果并对其进行反馈，形成教学的闭环系统，从而不断缩小"教"与"学"之间的差距，改进教学，提升教学质量。

编号	XJZB-4506
版本	1.0
生效日期	2016 年 5 月

西南交通大学本科课程

执行大纲撰写指导

目　录

一、课程执行大纲的意义

课程执行大纲是您的学生第一次有机会了解您以及您的课程。在执行大纲里，您可以告诉学生，他们能够期待从课程中获得些什么，而课程又期待他们做些什么。课程执行大纲不仅仅是包含着课程基本信息的一张纸，它是您向学生发出的一封邀请信，邀请他们与您一起开始一段奇妙的旅程；它也是一份契约，是您与学生在共享这段奇妙旅程之前所做出的共同承诺。

二、课程执行大纲的目标与功能

（一）计划与契约

在课程执行大纲里，您应该告诉学生，您期待他们在课程学习过程中完成什么？何时完成？他们的分数将如何评定？您甚至可以请学生签字认可，使得课程执行大纲真正成为你们之间的契约，保证学生真正了解课程的要求。当然如果您临时改变评分方法，或者不遵守您预先设定的规则，可能会引起学生的不快。但这并不意味着您的执行大纲不能改变。您可以在执行大纲中说明，某些规则有可能会发生改变，以您的通知为准。

（二）交流工具

课程执行大纲很有可能是学生从您这里得到的最初关于课程的信息。因此，您的课程执行大纲如何编写在很大程度上向学生展现了您是一位什么样的老师。建议您不必照搬我们提供给您的示例。您完全可以让您的执行大纲展现出您个人的风格与教育理念。执行大纲可以帮助您的学生开始了解您，您应该充分利用这个机会来估计学生对于课程可能会提出的问题并给出清晰的答案。

（三）学习工具

一份以学习为中心的课程执行大纲，或者一份不仅仅提供课程基本信息，并且包含帮助学生提升学习与智力发展信息的执行大纲，可以成为学生在课程中学习成功的强有力工具。

三、课程执行大纲主要内容：必须项

不同学科、不同课程的执行大纲显然应该有所不同，因此您应该尽量使得您的执行大纲能够满足您的课程、学生以及领域的需要。下面的内容是您的课程执行大纲中应该包含的：

（一）课程基本信息

您的课程执行大纲应该给出课程名称、编号、学时、答疑时间与地点、先修课程等。可能的话，您应该提供比培养计划上给出的更详细的课程描述。此外还有课外联系方式与联系时间等。

（二）阅读资料

您的课程执行大纲应该给出课程阅读文献的清单，其中必读和推荐阅读的文献应该予以明确说明，并告知学生如何找到这些文献（比如购买或者从网上下载）。

（三）教学日历

您的课程执行大纲应该告知学生每周或者每讲、每节课的内容，这样学生可以依此规划他们的时间。您需要特别清晰告知学生作业截止日期以及测验的时间。您可以自己决定教学日历的详细程度，比如，您可以只给出每讲课讲解要点，也可以给出详细的讲述内容。

（四）课程预期学习成果

您的课程执行大纲应该给出通过课程学习，学生应该学习、发展以及掌握的特定知识、实践能力、思维技巧等。关于学习成果的陈述将为您以及您的学生设立课程学习目标。撰写高效而有所帮助的学习成果描述可能会需要您多花费一些时间和思考。一般来说，学习成果描述应该为 5～10 条，并且应该集中在课程学习最为重要的成果上，而非针对某个单独的单元。学习成果陈述应该具有 3 个特点，即可观察、可测量、由学生而非教师完成的。学习成果陈述撰写的几个建议如下：

- ✓ 使用具体的行为动词。
- ✓ 应该是本课程所特有的。
- ✓ 集中在结果而非方法上。
- ✓ 以学习为中心。
- ✓ 是可以评价的。

（五）分数评定方法

无疑您的学生非常想知道在课程中他们的成绩如何评定。因此您的课程执行大纲应该包括您完整的评价方案（比如考试、作业、课堂表现、出勤等）。请注意您的评价方法应该与您确立的学习成果相一致。比如那些可测量的成果应该在一定程度上被评价。将成绩评定方法提供给学生是有所帮助的。您可以告知学生每次测验、作业在最终成绩中所占比重。您还应该告知学生能否通过额外的努力提高他们的平时成绩。比如他们能否通过提交额外的报告或者更好的课堂表现来弥补他们某次成绩不满意的测验或者作业。我们建议您既对他们课程表现给予严格评价和及时反馈，同时也给他们提供改进的机会。

（六）课程要求

告知学生您对他们的要求是非常重要的。通常来说，这部分考虑得越周到、越详细，对您和您的学生的帮助也就越大。课程要求可以包括

✓ 出勤与迟到：让学生了解您对于出勤和迟到的要求，比如他们是否每次课都应该出勤？如果是，那么缺席的结果是什么？您对什么样的请假是认可的？

✓ 未提交作业或者错过测验：你是否允许学生重新测验或者迟交作业？有的老师拒收迟交的作业，也有的老师允许一段时间的推迟。您可以自己决定您的要求，只是我们建议您在执行大纲里面对此进行详细说明。

✓ 学术诚信：我们在示例中给出了关于学术诚信的要求。您也可以告知学生您自己对他们在学术诚信方面的要求，并请您一定要说明当不诚信情况发生时您的处理方法。不过也请您注意学生们不一定对剽窃这种比较复杂的不诚信行为有全面认识，所以建议您可以在执行大纲里面给出详细的定义，并在课堂上向他们进行解释。请相信您向学生传达的对于学术不诚信行为的态度是会很大程度上影响他们的看法与行为的。

✓ 课堂不礼貌行为：因为您需要保持一个舒适的、有利于学习的课堂环境，所以您需要告知学生哪些行为是不礼貌的因而您希望不要出现在您的课堂里面。注意不同的老师和不同的学生对于不礼貌的行为是有不同理解的，所以建议您给出详细的说明。比如您是否容忍课堂上接听手机、吃东西、喝饮料、睡觉、看手机、聊天等行为？不要认为大家对这些行为的看法是一致的。可能的话，您可以征求学生的意见，哪些行为是不应该出现在课堂上的，如果学生与您一起参加到规则的制定当中，相信他们会更自觉地遵守它。

✓ 课堂表现：不同老师对于课堂表现的看法可能会大相径庭。有人觉得是完全无法评价的，有些老师会觉得对课堂表现进行评价是鼓励学生参与课堂活动最为有效的手段。无论您如何评价课堂表现，最重要的是您需要明确告知学生，特别是如果您决定将其作为学生成绩评定的一部分的时候。

四、课程执行大纲主要内容：可选项

如前所述，课程执行大纲对于学生在课堂内以及课堂外的学习都是非常有帮助的。还有几个简单易行的可选项您可以提供给学生来帮助他们。

（一）作业完成建议

如何制订课程任务计划？课后需要多少时间完成作业？如何出色地完成作业？

（二）学习方法提示

关于时间管理、学习技巧、写作与记笔记等。对于新生这些提示尤其重要。

（三）课程准备信息

告知学生学习本课程会面临的挑战，以及需要的预备知识等。

（四）助教信息

告知学生，研究生助教将如何帮助他们学习。

五、结　论

您的课程执行大纲将您和您的学生联系起来，因此您的考虑越周到，您的执行大纲也就越有用、越高效。一份好的课程执行大纲会帮助您的学生对于您的课程、他们作为学生的角色以及您作为他们指导者的角色有更为完整清晰的认识。

附录 4-26　西南交通大学本科课程学生学习体验调查问卷解读（XJZB-4507-1.0）

编号	XJZB-4507
版本	1.0
生效日期	2016 年 4 月

西南交通大学本科课程

学生学习体验调查问卷解读

【1~4题主要调查学生对课程的总体感觉】

---

1. 总体来说，我认为该课程很有用，我在课程中学到的东西对我今后的学习、工作和生活会有很大帮助。

    A. 完全符合　　B. 符合　　C. 基本符合　　D. 基本不符合　　E. 完全不符合

【评估要点解读：这道题有两个评估点。（1）学生认为该课程是否有用。教师应尽力将课程与真实情景、学生生活以及未来工作相关联，使学生认识到学习课程的重要性，这对于激励学生学习动机至关重要。（2）第二点是问学生学到的东西，实际上包括了学生对自己的收获的评价，而且特别关注了对课程结束后的作用。】

2. 总体来说，我认为，该课程的教学很好地激发了我的学习兴趣并调动了我的学习积极性，我在该课程学习中付出了最大努力。

    A. 完全符合　　B. 符合　　C. 基本符合　　D. 基本不符合　　E. 完全不符合

【评估要点解读：这道题有两个评估点。（1）学习动机问题，包括两个方面：一是学习兴趣问题，二是学习积极性问题。注意学习动机分成两种，一是以学习为导向，二是以成绩为导向。这个问题未对这两种动机进行区分，只考查学生总体学习动机是否强烈。（2）考查学生认为自己在学习中是否努力，这一评估点的前提是假定学习动机与努力学习之间存在较强相关性。】

3. 总体来说，我认为，该课程的教学组织得很好，授课教师教导有方。

    A. 完全符合　　B. 符合　　C. 基本符合　　D. 基本不符合　　E. 完全不符合

【评估要点解读：这道题主要是调查学生对课程授课的总体感受，有两个评估点。（1）学生对课程教学组织评价如何；（2）学生对教师教学表现评价如何。】

4. 总体来说，我认为，课程为我们的学习设立了高标准，我必须努力学习才能达到要求。

    A. 完全符合　　B. 符合　　C. 基本符合　　D. 基本不符合　　E. 完全不符合

【评估要点解读：这道题主要是调查学生对课程挑战度的看法，避免课程成为"水课"。要注意并非浅显易懂的课程教学就是好的教学，为了鼓励学生进入深层次学习，课程应具有足够的挑战度。】

【5~6题主要是调查学生对自己学习成果的感受，主要集中在"学习基础知识""应用"这两个层级，可以看成是课程教学成果的基本要求。对于更高层级的学习成果，比如思维、价值观、表达等能力培养等，需要根据课程的教学目标，通过设置补充题来进行调查。】

---

5. 通过该课程学习，我理解并掌握了课程重要基础知识，同时形成了较完整课程框架与知识体系。

    A. 完全符合　　B. 符合　　C. 基本符合　　D. 基本不符合　　E. 完全不符合

【评估要点解读：这道题主要是调查学生对自己掌握课程基础知识情况的看法。】

6. 通过该课程，我学会了如何将知识应用于实践。

    A. 完全符合　　B. 符合　　C. 基本符合　　D. 基本不符合　　E. 完全不符合

【评估要点解读：这道题主要是调查学生对自己"应用"课程知识的看法，学会应用应该是学习中非常重要的学习成果。】

--
【7～10题主要是调查学生对教师授课情况的看法。包括对教师讲课、课程教学资源等】
--

7. 我认为授课教师学科知识渊博，上课充满激情，讲解清晰有条理，富有启发性。

　　A. 完全符合　　B. 符合　　C. 基本符合　　D. 基本不符合　　E. 完全不符合

【评估要点解读：这道题主要调查学生对于教师授课的感受。】

8. 老师为我提供的学习资源以及引导我们自主寻找的学习资源（包括教材、讲义、参考书目、在线课程、网上测试资源等），对我的学习帮助很大。

　　A. 完全符合　　B. 符合　　C. 基本符合　　D. 基本不符合　　E. 完全不符合

【评估要点解读：这道题主要是调查学生对教学资源的看法。】

9. 我认为该课程的成绩评定方法中所包含的考核项目，如考试、课程设计、课程报告等，可以很好地引导我学习，特别是激励我在整个学期中都努力学习。

　　A. 完全符合　　B. 符合　　C. 基本符合　　D. 基本不符合　　E. 完全不符合

【评估要点解读：由于本调查表是学生在得知分数之前填写的，因而没有询问学生对于评分公平性的看法，主要调查学生对于成绩考核是否促进他们学习的看法。】

10. 作业和考试后，老师或助教针对我的学习情况给予了及时且有价值的反馈，这些反馈可以很好地帮助我了解如何改进学习。

　　A. 完全符合　　B. 符合　　C. 基本符合　　D. 基本不符合　　E. 完全不符合

【评估要点解读：根据有效本科教学七大原则，对学生进行及时评价和反馈是非常重要的。鉴于我校课程大多为大班教学，因而反馈会变得更加困难，应充分利用助教、网络学习平台、各种网上即时通信工具等进行改进。】

附录 4-27　西南交通大学本科课程评估报告（评估专家用）（XJZB-4601-1.0）

编　号	XJZB-4601
版　本	1.0
生效日期	2016 年 4 月

西南交通大学本科课程评估报告

（评估专家用）

课程代码：＿＿＿＿＿＿＿＿＿＿＿

课程名称：＿＿＿＿＿＿＿＿＿＿＿

课程类型：公共基础课　通识课

　　　　　　新生研讨课　专业课

教学单位：＿＿＿＿＿＿＿＿＿＿＿

完成日期：＿＿＿＿＿＿＿＿＿＿＿

目　录

一、西南交通大学本科课程评估等级评定表（表1）

表1 西南交通大学本科课程评估等级评定表

序号	评估内容	评估点	评估等级				
			特优	优秀	良好	尚可	待改进
1	教学目标与学习成果	1.1 课程教学目标设置恰当，能够有效支持相关专业毕业要求并包含多维度深层次教学目标。 1.2 课程对学生学习成果有明确的评价方法，相关证明材料及其分析能够清晰反映学生的课程学习成果，且这些学习成果与教学目标相对应。					
2	教学内容与教学策略	2.1 课程教学内容与教学目标相对应，深度广度适当，能够反映相关学科领域最新发展。 2.2 课程知识点清楚，且知识点之间具有清晰的逻辑结构。 2.3 除课堂讲授外，课程采用了研讨式、实验实践、小组合作、写作、案例研究等多种教学活动，各项教学活动能够很好开展，有效调动了学生的学习兴趣与学习积极性，证据表明各项教学活动教学目标能够有效达成。 2.4 课程通过教学策略将课堂学习与课外学习有效结合，合理安排各项教学活动的内容、顺序、学时，使得学生整个学期在课内课外都努力学习，从而有效达成课程教学目标。					
3	课堂教学行为与效果	3.1 课堂讲授重点突出，强调重点难点，通过举例等方法帮助学生意识到课程重要性，并强调各概念之间的联系。 3.2 讲授内容条理清晰，语言明了，授课方式吸引人。 3.3 教师通晓学科知识，能够用对学科专业的热爱和对教学的热情感染学生。 3.4 学生被教师吸引，上课注意听讲，不愿意缺课。					
4	成绩评定与反馈	4.1 所采用的成绩评定办法与标准能够客观且公正评价学生学业表现，特别是不同教学班之间成绩评定标准具有较高一致性。 4.2 成绩评定包含多个考核项目，这些项目设置以及各项目所占比重是恰当的，能够充分且有效评价学生在所有教学目标上的达成度。 4.3 通过设置考核项目使得学生在整个学期中都不断努力学习，而不是仅仅依靠期末突击通过考试；及时将考核结果反馈给学生，从而在教学中尽力帮助学生了解如何学习能够获得好成绩。 4.4 在开课之初即向学生公布并解释成绩评定办法，对于每个考核项目尽量提前给出评分标准；按照大纲中公布的成绩评定办法进行考核，或对其进行的修改是合理且被学生理解的。 4.5 包含尽量多的与真实情境相联系的考核内容，包括学生生活场景或未来可能面临的工作场景等，从而帮助学生意识到所学知识的重要性。					

序号	评估内容	评估点	评估等级				
			特优	优秀	良好	尚可	待改进
5	教学资源与学习支持	5.1 课程为学生提供丰富且有效的课外学习资源，并指导学生如何高效获取并使用学习资源。 5.2 通过多种方式为学生提供足够支持与指导，包括学习方法指导、课程答疑等。关注学习困难学生，为其提供支持以顺利完成课程学习。 5.3 课程充分发挥了研究生助教在提升课程教学质量中的作用，同时帮助他们通过助教经历提升自我。 5.4 课程关注学生的学习状况，利用各种技术手段收集与学生学习相关的信息和数据，积极开展关于教与学的研究，通过总结反思不断改进教学。					
6	总体评价	总体来看，您认为该课程评级为： （1）特优____；（2）优秀____；（3）良好_____；（4）尚可_____（5）待改进_____。 您是否推荐该课程评选年度优秀课程？ （1）推荐_____；（2）不推荐_____。					

说明：

（1）评估内容包含 5 个分项，即教学目标与学习成果、教学内容与教学策略、课堂教学行为与效果、成绩评定与反馈、教学资源与学习支持。请评定这 5 项内容的评估等级，并在每项后面 5 个等级所对应的框内打钩。注意尽管每个分项包含若干指标点，但在等级评定中要对这 5 个分项给出总体评价。

（2）针对不同类型课程，评估时请参照相应课程质量标准，其中通用标准文件名称与编号见表 2：

表 2　西南交通大学本科课程质量标准文件

西南交通大学本科公共基础类课程通用质量标准	XJZB-4201-1.0	附录 4-3
西南交通大学本科通识类课程通用质量标准	XJZB-4202-1.0	附录 4-4
西南交通大学本科新生研讨课通用质量标准	XJZB-4203-1.0	附录 4-5
西南交通大学本科专业类课程通用质量标准	XJZB-4204-1.0	附录 4-6

评估中，是否满足课程质量标准要求不是评估的唯一内容，优秀的教学是非常多样的，有可能完全满足质量标准的课程的教学仍然存在很多问题，而不满足质量标准的课程教学却是高质量的。在评估中，一定要充分贯彻"以学习为中心"的理念，将真正促进学生深层次学习的教学定义为卓越的教学。

（3）在对 5 个评估内容分项评定时，可以参照表 3 中的评估指导文件。

表 3　西南交通大学本科课程评估指导文件

西南交通大学本科课程教学目标与学习成果评估指导	XJZB-4501-1.0	附录 4-19
西南交通大学本科课程教学内容与教学策略评估指导	XJZB-4502-1.0	附录 4-20
西南交通大学本科课程课堂教学行为与教学效果评估指导	XJZB-4503-1.0	附录 4-21
西南交通大学本科课程成绩评定与反馈评估指导	XJZB-4504-1.0	附录 4-22
西南交通大学本科课程学习资源与学习支持评估指导	XJZB-4505-1.0	附录 4-23

上述指导只是对评估指标的解读，为教师反思教学及专家评估课程提供参考。不同学科、课程的评估存在很大差异，专家以及教师应该通过评估不断探索各门课程特有的评估方法，实现课程教学质量的持续改进。

（4）在总体评价时，不必过分考虑分项的打分结果，应将评价重点放在整体考察课程教学设计与教学实施是否促进了学生深层次学习，是否为学生提供了有效的学习环境和有意义的学习经历上。在评级时，评估专家可以将该课程与评估的其他课程，特别是同类课程进行排序比较作为评级参考。一般来说，特优应该在前 10%，优秀在前 30%，良好在前 50%，及格在前 80%，剩下 20% 为待改进。原则上只有评级为"特优"和"优秀"的课程才有资格推荐为年度优秀课程。

二、改进意见和建议

（一）课程教学最突出优点

（请简单描述与其他课程相比，本课程给您印象最深的优点。）

（二）教学中存在主要问题

1. 教学目标与学习成果

2. 教学内容与教学策略

3. 课堂教学行为与效果

4. 成绩评定与反馈

5. 教学资源与学习支持

（请针对评估内容5个分项共19个评估点分别阐述评估中发现的问题。）

（三）改进意见建议

（请明确写出若干条改进意见建议，以作为今后评估课程持续改进情况的主要依据。）

附录 4-28　西南交通大学本科课程自评估报告（课程教师用）（XJZB-4602-1.0）

编号	XJZB-4602
版本	1.0
生效日期	2016 年 4 月

西南交通大学本科课程自评估报告

（课程教师用）

课程代码：＿＿＿＿＿＿＿＿＿＿＿＿

课程名称：＿＿＿＿＿＿＿＿＿＿＿＿

课程类型：公共基础课　通识课

　　　　　新生研讨课　专业课

教学单位：＿＿＿＿＿＿＿＿＿＿＿＿

完成日期：＿＿＿＿＿＿＿＿＿＿＿＿

自评估报告撰写的重点应放在课程如何通过对教学目标、教学内容、教学策略、评价与反馈、学习支持等方面进行综合课程设计，在学期中不断激发学生的学习兴趣和学习动力，保证课程具有足够的挑战性从而使得学生能够在整个学期中努力学习，最终达成教学目标，为学生创造有意义的学习经历。建议可以通过回答以下 7 个方面问题，提供相关支撑材料，完成自评估。

　　问题 1：课程主要教学目标是什么，这些教学目标是否有效支持相关专业毕业要求并包含多维度教学目标？

　　问题 2：除课堂讲授外，课程还采用了哪些教学活动，举例说明这些教学活动支持什么样的教学目标，教学活动的具体效果如何？

　　问题 3：为了达成课程的教学目标，课程如何设计教学策略把各项教学活动有机结合起来，教学策略的设计是否有效调动了学生的学习积极性？

　　问题 4：课程是如何通过考核鼓励学生在整个学期内都努力学习的，课程如何保证考核的公平性，特别是保证同一门课不同教学班之间成绩评定的一致性？

　　问题 5：除教材外，课程还为学生提供了什么教学资源或者如何指导学生寻找教学资源，这些资源或者指导是否能够帮助学生更好学习？

　　问题 6：课程采取了哪些方法支持学生学习，这些支持是否有效，对于学习遇到困难的学生，课程采取了哪些办法帮助他们？

　　问题 7：学生通过课程学习取得了哪些学习成果，课程采用了什么评价方法，有哪些证据可以证明这些学习成果？

附录 4-29　西南交通大学本科课程改进计划报告（抽评课程教师用）

（XJZB-4603-1.0）

编号	XJZB-4603
版本	1.0
生效日期	2016 年 4 月

西南交通大学本科课程改进计划报告

（抽评课程教师用）

课程代码：＿＿＿＿＿＿＿＿＿＿＿＿

课程名称：＿＿＿＿＿＿＿＿＿＿＿＿

课程类型：公共基础课　通识课

新生研讨课　专业课

教学单位：＿＿＿＿＿＿＿＿＿＿＿＿

完成日期：＿＿＿＿＿＿＿＿＿＿＿＿

改进计划报告撰写的重点应放在针对上一轮课程评估报告中反馈的问题，提出的意见建议，对教学中存在主要问题进行反思上，要逐一进行分析并说明改进计划。

编号	XJZB-4604
版本	1.0
生效日期	2016 年 4 月

西南交通大学本科课程改进成效自评估报告

（复评课程教师用）

课程代码：＿＿＿＿＿＿＿＿＿＿＿

课程名称：＿＿＿＿＿＿＿＿＿＿＿

课程类型：公共基础课　通识课

　　　　　新生研讨课　专业课

教学单位：＿＿＿＿＿＿＿＿＿＿

完成日期：＿＿＿＿＿＿＿＿＿＿

改进成效报告撰写的重点应放在课程是如何将改进计划具体落实在本学期课程教学中的，要说明课程持续改进的做法与效果。

附录 4-31　西南交通大学教学单位本科课程学生学习体验调查分析报告
（XJZB-4605-1.0）

编号	XJZB-4605
版本	1.0
生效日期	2016 年 4 月

西南交通大学教学单位本科课程

学生学习体验调查分析报告

课程代码：＿＿＿＿＿＿＿＿＿＿＿

课程名称：＿＿＿＿＿＿＿＿＿＿＿

授课教师：＿＿＿＿＿＿＿＿＿＿＿

教学单位：＿＿＿＿＿＿＿＿＿＿＿

完成日期：＿＿＿＿＿＿＿＿＿＿＿

评估专家依据教务网上所教授课程的学生学习体验调查结果，结合《西南交通大学本科课程学生学习体验调查问卷解读》(XJZB-4507-1.0)，对相关指标点进行总结和分析，形成本科课程学生学习体验调查分析报告。建议可以通过回答如下 3 个方面问题，完成报告。专家也可结合实际情况，设置补充问题，并进行详细说明。

一、所评估课程的学生学习体验调查情况分析

（一）学生对课程的总体感觉

1. 针对指标点"课程的有用性和重要性"的详细说明：

（1）学生对课程有用性的认识；

（2）课程与真实情景、学生生活以及未来工作的关联性。

2. 针对指标点"学生学习动机与学习积极性"的详细说明：

（1）课程对学生学习动机的激发；

（2）学生对自己在课程学习中的积极性程度的认识。

3. 针对指标点"课程教学组织和教师教学表现"的详细说明：

（1）学生对课程教学组织的评价；

（2）学生对教师教学表现的评价。

4. 针对指标点"课程挑战度"的详细说明：

课程是否具有足够的挑战度以鼓励学生进入深层次学习？

（二）学生对自己学习成果的总体感觉

1. 针对指标点"学生对课程基础知识的掌握情况"的详细说明：

（1）学生对自己掌握课程基础知识情况的看法；

（2）学生是否形成了较完整课程框架与知识体系。

2. 针对指标点"课程知识的应用情况"的详细说明：

学生通过课程学习获得的知识是否能够有效应用于实践。

（三）学生对教师授课情况的看法

1. 针对指标点"学生对教师授课的感受"的详细说明：

学生对授课教师的学科知识、教学热情、教学技巧等方面的感受。

2. 针对指标点"课程教学资源"的详细说明：

（1）教师是否为学生提供以及引导学生自主寻找相关学习资源（包括教材、讲义、参考书目、在线课程、网上测试资源等）；

（2）学习资源是否有效促进了学生学习。

3. 针对指标点"课程成绩评定"的详细说明：

课程成绩评定方法中所包含的考核项目是否有效引导了学生学习。

4. 针对指标点"课程学习的评价与反馈"的详细说明：

（1）作业和考试后，老师或助教是否针对学生的学习情况给予了及时且有价值的反馈；

（2）上述反馈是否有效帮助学生改进学习。

二、结合学生体验调查结果，给出课程的主要特点及优势。

三、结合学生体验调查结果，针对不足之处，给出课程的改进建议。

参考文献

[1]　威尔伯特·J. 麦肯齐. 麦肯齐大学教学精要——高等院校教师的策略研究和理论[M]. 11 版. 徐辉，译. 杭州：浙江大学出版社，2005.

[2]　斯蒂芬·D. 布鲁克菲尔德. 大学教师的技巧——论课堂教学中的方法、信任和回应[M]. 周心红，洪宁，译. 杭州：浙江大学出版社，2005.

[3]　约瑟夫·罗曼. 掌握教学技巧[M]. 2 版. 洪明，译. 杭州：浙江大学出版社，2006.

[4]　托马斯·A. 安吉洛，K. 帕特丽夏·克罗斯. 课堂评价技巧[M]. 2 版. 唐艳芳，译. 杭州：浙江大学出版社，2006.

[5]　罗伯特·M. 戴尔蒙德. 课程与课程体系的设计和评价实用指南（修订版）[M]. 黄小苹，译. 杭州：浙江大学出版社，2006.

[6]　巴巴拉·G. 戴维斯. 教学方法手册[M]. 严慧仙，译. 杭州：浙江大学出版社，2006.

[7]　L. 迪·芬克著. 创造有意义的学习经历[M]. 胡美馨，刘颖，译. 杭州：浙江大学出版社，2006.

[8]　约瑟夫·R. 科德. 在大学本科教育中恰当应用七条教学原则[EB/OL]. http://www.chinaqking.com/yc/2012/213133.html，2012-03-07.

西南交通大学本科教学质量保障工作手册

西南交通大学教学质量保障工作委员会
西南交通大学教务处　　　编

实习实践

（第5册）

刘朝晖　李静波　丁蔓　徐凌　编著

西南交通大学出版社
·成都·

图书在版编目（ＣＩＰ）数据

西南交通大学本科教学质量保障工作手册. 实习实践/
刘朝晖等编著. —成都：西南交通大学出版社，
2018.12（2024.4 重印）
　ISBN 978-7-5643-6653-7

　Ⅰ. ①西… Ⅱ. ①刘… Ⅲ. ①本科 – 教学质量 – 保障
体系 – 成都 – 手册　Ⅳ. ①G649.2-62

中国版本图书馆 CIP 数据核字（2018）第 290787 号

《西南交通大学本科教学质量保障工作手册》

编　委　会

主　　　编：冯晓云
副主编：郝　莉　崔　凯　朱志武
编　　　委：代　宁　刘朝晖　张国正　姬晓旭　张长玲
　　　　　　冷　伟　卫飞飞　李静波　王克贵　尹帮旭
　　　　　　丁　蔓　祝　懿　徐　凌　翟　旭　雷　雳
　　　　　　胡赛明
本册作者：刘朝晖　李静波　丁　蔓　徐　凌

目　录

西南交通大学本科实习实践评估主要考察各教学单位本科生实习实践教学环节的质量，考察各教学单位通过建立何种机制体制，采取何种措施来保障并提升实习实践教育质量。

一、西南交通大学本科实习实践评估重要性

实践教学体系是高校人才培养方案的重要组成部分，是增加学生的感性认识、验证和巩固理论教学内容、提升学生动手能力和解决实际问题的能力，以及培养学生的创新精神、创新思维和创新能力的重要途径。实践教学的效果直接影响教学质量。《教育部关于进一步深化本科教学改革全面提高教学质量的若干意见》（教高〔2007〕2号）要求，"高度重视实践环节，提高学生实践能力。要大力加强实验、实习、实践和毕业设计(论文)等实践教学环节，特别要加强专业实习和毕业实习等重要环节"；《教育部等部门关于进一步加强高校实践育人工作的若干意见》（教思政〔2012〕1号）明确提出，"要全面落实本科专业教学质量国家标准对实践教学的基本要求，加强实践教学管理，提高实验、实习、实践和毕业设计（论文）质量。"近年来，高等工程教育内外环境也发生了巨大变化：随着发达国家"再工业化"与第三次工业革命的开展，国内"中国高铁走出去""互联网+""中国制造2025"等国家战略的实施，大数据、物联网、云计算、人工智能（"大物云智"）等新一代信息技术的突破性发展，及我国成为《华盛顿协议》的第18个正式成员方等新情况，均对高等工程教育提出了新的挑战。如何提高本科实习实践质量，建立健全实习实践质量保障体系，促进实践教育质量的提升，提高人才培养质量，应对国内外新型工程教育发展新形势，都对西南交通大学提出了新的要求与挑战。

因此，西南交通大学将实习实践评估作为本科教学质量保障体系的五大环节之一，通过评估、反馈、改进、再评估，及时获得实习实践教学效果的反馈信息，深化实践教学改革，优化实践教学过程，形成持续改进的实习实践质量保障体系，进而有效促进实践教学质量的提高，强化学生的综合实践能力。

二、西南交通大学本科实习实践质量保障责任

西南交通大学本科实习实践质量保障实行学校、教学单位、基层教学组织三级管理，各级主体的主要责任如下。

（一）学　校

1. 学校教学质量保障工作委员会。

学校教学质量保障工作委员会（以下简称质工委）代表学校学术委员会，主导本科实习实践的校级评估。

（1）制定本科实习实践教学质量相关的文件和评估实施程序，确定评估方法，与各教学单位展开合作，做好实习实践教学质量的评估、反馈与指导。

（2）根据评估结果，做好信息反馈工作，提出改进建议，跟踪并评估其持续改进情况。

2. 教务处。

教务处协助主管教学的副校长，总体负责全校实习实践工作的组织、管理、监控、检查等。

（1）组织审查汇总全校各专业实习计划。

（2）组织审查各实习队指导教师资格、人数。

（3）制定实习的指导性文件，审查实习大纲。

（4）负责实习经费的分配、审核和实习证明的签发。

（5）配合各学院建立实习基地。

（6）组织实习实践教学检查，评选和表彰实习中的校级先进单位和个人。

（7）研究、处理实习中的重大问题。

（二）教学单位

各教学单位由分管教学的副院长（主任）负责，具体职责为完成实习的组织和实施。

1. 审核有关教研室拟定的实习计划、实习指导教师资格，并按期报送教务处。

2. 组织编写实习大纲、实习教材或实习指导书。

3. 认真选择实习地点，按照就地就近和相对稳定的原则，争取每个专业都能建立一个相对稳定的实习基地。

4. 遴选实习指导教师，并组织教师做好实习准备工作，做好实习学生的组织和思想教育工作。

5. 指导本学院各专业实习工作，并深入实习现场开展调查研究，解决实习中的问题。

6. 检查实习质量，并组织实习队开展实习总结，负责实习资料归档，组织评选优秀实习队和优秀实习指导教师并推荐给学校。

7. 指导基层教学组织建立并完善实习实践工作内部质量保障体系。

8. 实施实习实践的院级评估，提供持续改进意见；接受校级评估，反馈评估结果，并跟踪改进情况。

（三）基层教学组织

在院（系）领导下，各相关教研室、实习实践教学团队、指导教师等基层教学组织负责各单位实习实践的具体组织。

1. 落实本专业的实习实践教学计划，保证实习实践教学正常有序进行。

2. 在学科专业领域最大限度地为学生提供指导。

3. 应结合各专业特点，建立并完善本专业本科实习实践工作内部质量保障体系，保障实习实践教学质量。

三、西南交通大学本科实习实践评估工作流程

根据学校教学质量保障体系相关工作的总体部署，由质工委委员牵头，每学年从本科教学质量保障专家库中抽取一定数量的专家，组成实习实践评估专家组，对全校的实习课程教

学质量进行抽查。教学单位负责组织接受校级评估，反馈校级评估结果，同时对教学单位实习实践质量保障情况进行说明。本科实习实践评估工作流程见图1。

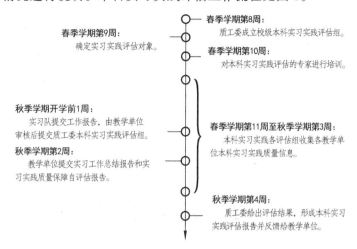

春季学期第8周：
质工委成立校级本科实习实践评估组。

春季学期第9周：
确定实习实践评估对象。

春季学期第10周：
对本科实习实践评估的专家进行培训。

秋季学期开学前1周：
实习队提交工作报告，由教学单位审核后提交质工委本科实习实践评估组。

春季学期第11周至秋季学期第3周：
本科实习实践各评估组收集各教学单位本科实习实践质量信息。

秋季学期第2周：
教学单位提交实习工作总结报告和实习实践质量保障自评估报告。

秋季学期第4周：
质工委给出评估结果，形成本科实习实践评估报告并反馈给教学单位。

图1　西南交通大学本科实习实践评估工作流程

四、西南交通大学本科实习实践评估文件体系

实习实践评估是西南交通大学教学质量保障体系的重要环节。根据西南交通大学本科教学质量保障工作的总体部署，已完成制定本科实习实践指导意见、质量标准、实施办法、评估指标体系、评估报告模板等相关文件，形成了较为完善的本科实习实践质量保障文件体系，详见表1。

表1　西南交通大学本科实习实践评估文件

文件类型	文件标题	文件编号	附录编号
指导意见	西南交通大学本科实习实践评估指导意见	XJZB-5101-1.0	附录5-1
质量标准	西南交通大学本科实习实践教学通用质量标准	XJZB-5201-1.0	附录5-2
实施办法	西南交通大学本科实习实践评估实施办法	XJZB-5301-1.0	附录5-3
	西南交通大学本科生实习管理办法	XJZB-5302-1.0	附录5-4
评估工具	西南交通大学本科实习教学质量评估指标	XJZB-5401-1.0	附录5-5
报告模板	西南交通大学本科实习课程教学计划（授课教师用）	XJZB-5601-1.0	附录5-6
	西南交通大学本科生实习队工作报告（授课教师用）	XJZB-5602-1.0	附录5-7
	西南交通大学本科实习实践课程评估报告（评估专家用）	XJZB-5603-1.0	附录5-8
	西南交通大学本科实习实践课程改进计划报告（初评课程教师用）	XJZB-5604-1.0	附录5-9
	西南交通大学本科实习实践课程改进成效报告（复评课程教师用）	XJZB-5605-1.0	附录5-10

附录 5-1　西南交通大学本科实习实践评估指导意见（XJZB-5101-1.0）

编号	XJZB-5101
版本	1.0
生效日期	2017 年 3 月

西南交通大学

本科实习实践评估指导意见

目　录

实习实践教学是学校教学工作的重要组成部分，是学生巩固理论知识，提升实践能力、创新能力的重要环节，是提高学生分析问题，使学生了解社会、接触生产实际、增强劳动观念，实现人才培养目标的重要途径。为进一步推进实习实践评估工作，提高实习实践教学质量，制定本指导意见。

一、西南交通大学本科实习实践评估原则

1. 全面性原则：力求全方位、多角度考核实习实践教学过程，对实践教学情况作出公正评价，为教学管理提供决策依据。

2. 客观性原则：客观地反映被评估对象的真实情况，或接近被评估对象的真实情况。

3. 科学性原则：尽可能地利用科学的手段和方法，客观、公正、准确地反映被评估对象的真实情况。

4. 可操作性原则：评估指标简单易行，定义明确，易被理解接受，并尽量量化，便于定量处理，以提高评价结果的可信度。

二、西南交通大学本科实习实践评估范围

西南交通大学本科实习实践评估主要考察教学计划规定的认识实习、生产实习、社会调查等实践性教学环节（以下简称实习课程）的质量（不含实验教学和毕业设计（论文））；考察教学单位本科实习实践质量保障体系的建设与运行情况。

三、西南交通大学本科实习实践评估对象

评估对象分为初评实习课程和复评实习课程。

初评实习课程：首次被抽取评估的实习课程。

复评实习课程：对上一轮评估等级为"合格"或"待改进"的实习课程，质工委按照程序、针对评估结果中的弱项开展复评。

四、西南交通大学本科实习实践评估机构

1. 质工委将代表学校学术委员会，主导校级层面的本科实习实践评估。

2. 质工委本科教学质量保障分委会负责校级本科实习实践评估的具体组织实施。

3. 各教学单位应根据本单位实际情况，通过教授委员会、院级督导组等机构，完成实习实践自评估，开展院级评估，接受校级评估。

五、西南交通大学本科实习实践评估方式

西南交通大学本科实习课程评估以专家组的方式开展。每学年按 25% 的比例抽取教学单位进行评估，以 4 学年为一个周期，对全校所有教学单位的本科实习课程开展校级评估。

专家组依据但不限于以下途径收集本科实习课程质量信息，根据质量标准和评价表对本科实习课程教学质量及教学单位本科实习课程内部质量保障体系建设情况进行评价。

1. 审查实习教学大纲、实习教学计划、实习教材、实习指导书等。

2. 实习课程现场观摩。

3. 审阅学生的实习日志、实习作业、实习报告等。

4. 审阅西南交通大学本科生实习队工作报告。

5. 组织教师、学生、校友、企业代表进行座谈、访谈，开展问卷调查等。

6. 查询实习基地文档等。

六、西南交通大学本科实习实践的持续改进

（一）改进机构

1. 基层教学组织根据本科实习课程评估结果，具体负责本专业实习课程的持续改进方案。

2. 教学单位负责本单位评估结果的跟踪与改进，并根据实际需要，制定符合本单位情况的持续改进方案。

3. 质工委负责校级评估结果的跟踪，并为教学单位评估结果的持续改进工作提供咨询、指导与检查。

（二）改进程序

1. 质工委完成评估报告后向各教学单位反馈，并提供评价结果的解释、咨询与指导。

2. 各教学单位根据评估报告提出的改进问题，完成改进方案并提交质工委审核。

3. 各教学单位需在下一年度针对改进情况进行说明，以便学校跟踪持续改进情况。

附录 5-2　西南交通大学本科实习实践教学通用质量标准（XJZB-5201-1.0）

编号	XJZB-5201
版本	1.0
生效日期	2017 年 3 月

西南交通大学本科实习实践教学

通用质量标准

目　录

一、适用范围

本标准适用于西南交通大学本科实习课程的建设与评估，包括教学计划规定的认识实习、生产实习、社会调查等实践性教学环节，不包括实验教学、毕业设计（论文）。

二、与其他文件的关系

1. 本文件主要给出本科实习课程的质量标准与教学规定。

2. 本科实习课程评估指标请参照《西南交通大学本科实习教学质量评估指标》（XJZB-5401-1.0）。

3. 本科实习课程教学计划撰写请参照《西南交通大学本科实习课程教学计划（授课教师用）》（XJZB-5601-1.0）。

4. 本科实习课程成绩评定请参照《西南交通大学本科课程成绩评定指导意见》（XJZB-4102-1.0）

三、质量标准

西南交通大学实习课程质量标准包含以下 5 个方面：

（一）教学目标

实习课程教学目标要能够支持专业培养目标和毕业要求达成，工科类实习课程需支持《工程教育认证通用标准（2018 版）》毕业要求达成。

实习课程教学目标应涵盖知识、能力、人格与价值等多个维度，促进学生综合素养的提升。

（二）教学内容与教学策略

实习课程教学内容与教学目标要相对应，支持教学目标达成，内容完整、详细、清晰。

实习课程教学计划和实施方案要具体清晰，并建立明确的实习纪律并严格执行。

实习课程教学应当尊重学科认知规律和学生实际学情，能够不断激发学生学习兴趣和学习潜力，有效达成教学目标。

（三）成绩评定与反馈

考核环节与教学目标要相对应，要能够支持教学目标达成。

成绩评定应包含多个考核项目，各项目设置以及所占比重要合理，能有效评价学生在教学目标上的达成度。

对计入成绩的考核，应保证考核结果的科学和公正性，特别应确保同一课程代码下多个实习队评分标准的一致性。

对学生在实习课程中的表现应进行及时且充分的反馈，以帮助学生不断改进学习。

（四）学习成果

针对实习课程目标，学生经过实习教学过程后，在知识、技能、能力和素质等各方面的收获和提高程度应能达到教学大纲要求的水平，对学生的成长与发展带来积极的影响，这种影响在实习结束后能在学生学习和生活中发挥持续的积极作用，为学生进入不同社会群体或工作领域作准备。

（五）教学资源与学习支持

1. 课程能够为学生提供丰富且有效的实习资源，并指导学生高效获取并使用学习资源。
2. 为学生的实习提供足够支持与指导，包括实习方法指导等。
3. 能够及时发现学习困难的学生，帮助他们度过困难期并顺利完成实习。
4. 注重收集学生学习相关数据，开展关于实习课程学习的研究，通过总结反思不断改进教学。

四、实习课程教学规定

实习课程原则上均应遵守以下规定，若课程有特殊需要无法遵守时，应在开课前提出申请，经教学单位批准且报教务处备案后方可施行。在实习课程评估中，课程团队应提供证据说明课程做法能够促进学生有效学习，并帮助学生获得较好的学习体验和学习成果，实习课程评估专家组据此给出评价结果。

（一）实习课程教学计划发布

所有实习课程均应在第一节课前将课程教学计划公开发布在网站上。

（二）教学要求

每位教师指导的学生数不超过 30 人。

（三）成绩评定

实习课程成绩评定标准应参照《西南交通大学本科课程成绩评定指导意见》（XJZB-4102-1.0）制订。

附录 5-3　西南交通大学本科实习实践评估实施办法（XJZB-5301-1.0）

编号	XJZB-5301
版本	1.0
生效日期	2017 年 3 月

西南交通大学

本科实习实践评估实施办法

目　录

为了进一步推进实习实践评估工作，建立完善的校内实习实践评估制度，提高实习实践教学质量，结合我校实际，制定本办法。

一、与其他文件关系

1. 本办法以《西南交通大学本科实习实践评估指导意见》（XJZB-5101-1.0）为依据和指导，是对本科实习实践评估在实施层面的具体说明。

2. 实习实践教学质量标准请参照《西南交通大学本科实习实践教学通用质量标准》（XJZB-5201-1.0）。

3.《西南交通大学本科实习教学质量评估指标》（XJZB-5401-1.0）提供了对实习课程教学的评价指标体系。

4. 本科生实习队工作总结撰写请参照《西南交通大学本科生实习队工作报告（授课教师用）》（XJZB-5602-1.0）。

5. 实习课程评估专家通过多种方式，全方位、多角度地收集实习课程质量信息并完成《西南交通大学本科实习实践课程评估报告（评估专家用）》（XJZB-5603-1.0）。

6. 初评实习课程教师根据专家的评估报告，撰写改进计划，撰写模板请参照《西南交通大学本科实习实践课程改进计划报告（初评课程教师用）》（XJZB-5604-1.0）；复评实习课程教师撰写改进成效，撰写模板请参照《西南交通大学本科实习实践课程改进成效报告（复评课程教师用）》（XJZB-5605-1.0）。

二、西南交通大学本科实习实践评估机构

1. 质工委代表学校学术委员会，主导实习实践的校级评估，负责评估结果的反馈、发布、解释，并指导改进。

2. 质工委本科教学质量保障分委会负责本科实习实践校级评估的具体组织实施，由分委会委员和本科教学质量保障专家库成员组成若干评估组，对全校本科实习实践教学开展抽评检查。

3. 各教学单位根据本单位实际情况，通过教授委员会、院级督导组等机构，或成立本科实习实践评估工作组、院级实践教学检查小组等，开展实习实践的院级评估。

三、西南交通大学本科实习实践评估工作流程

本科实习课程校级评估的过程及时间节点如下：

（一）成立实习课程评估组：春季学期第 8 周

1. 各教学单位向质工委推荐本年度实习课程评估专家，所推荐专家原则上应已通过资格

审核并入选学校本科教学质量保障专家库。

2. 质工委在教学质量保障信息化平台确定参加评估的委员和专家，并成立若干评估组。

3. 各教学单位在教学质量保障信息化平台报送本单位实习实践评估秘书，负责本单位与质工委之间的衔接与沟通。

4. 教务处成立实习课程评估秘书组，负责评估工作的组织协调与服务支持。

（二）确定实习课程评估对象：春季学期第 9 周

1. 根据质工委实习实践评估工作总体安排，对各教学单位本科实习课程开展 4 学年一轮的全覆盖评估。

2. 质工委每学年按 25% 的比例抽取各教学单位的本科实习课程开展评估，原则上所有教学单位的实习课程只开展一次初评，即评估周期内已经抽评的实习课程不再进入抽取候选名单。

3. 对上一轮评估结果为"尚可"或"待改进"的实习课程自动进入复评名单，根据评估情况，按照评估程序针对上次评估的弱项开展复评。

4. 每学年将拟开展初评与复评的实习课程名单在教务网公示，同时以邮件形式通知课程所在教学单位。各教学单位应尽快通知课程教师做好评估准备。

（三）实习课程评估专家培训：春季学期第 10 周

1. 教务处邀请专家，对未参与过本科实习课程评估培训的专家进行为期半天的培训，内容包括评估质量标准和指标体系解读等。

2. 各教学单位组织本单位专家与教师参与培训。

（四）实习队提交相关报告：秋季学期第 0 周

实习结束后，各实习队根据学生实习期间的表现、实习报告的质量以及考核结果等，评定实习成绩，完成《西南交通大学本科生实习队工作报告（授课教师用）》（XJZB-5602-1.0），由教学单位审核后提交质工委本科实习课程评估组。

（五）实习课程质量保障信息收集：春季学期第 11 周 ~ 秋季学期第 3 周

1. 质工委本科实习课程评估组在组长的组织协调下，商定组内的评估方式，确定信息采集的途径，同时确定每位专家的分工。

2. 本科实习实践质量信息采集包括但不限于以下途径：

（1）审查实习教学大纲、实习教学计划、实习教材、实习指导书等；

（2）实习课程现场观摩；

（3）审阅学生的实习日志、实习作业、实习报告等；

（4）审阅西南交通大学本科生实习队工作报告；

（5）组织教师、学生、校友、企业代表进行座谈、访谈、问卷调查；

（6）查询实习基地文档等。

（六）本科实习课程评估与反馈：秋季学期第 4 周

1. 初评实习课程。

（1）质工委本科实习课程评估组基于收集的质量保障信息，根据本科实习实践通用质量标准和评估指标，对教学单位本科实习课程给出初评结果，包括评估等级和改进建议两部分，完成《西南交通大学本科实习实践课程评估报告（评估专家用）》（XJZB-5603-1.0）。

（2）西南交通大学本科实习课程的初评结果分为特优、优秀、良好、尚可、待改进 5 个等级，具体评价指标和等级划分标准请参照《西南交通大学本科实习教学质量评估指标》（XJZB-5401-1.0）。改进建议应该尽量具体、明确、可操作性较强，使改进成效可评价。

（3）质工委审议后，将《西南交通大学本科实习实践课程评估报告（评估专家用）》（XJZB-5603-1.0）反馈给教学单位，教学单位须将评估结果反馈给实习队、实习指导教师和学生，并组织其对存在的问题进行整改。

2. 复评实习课程。

（1）质工委本科实习课程评估组按照评估程序对每门复评实习课程的持续改进情况进行评估，评估的主要依据是初评时评估组反馈的改进建议，主要考察课程是否建立了持续改进机制，以解决课程存在问题。

（2）复评结果分为三个等级：显著改进、部分改进、无改进。

（3）对于部分改进的实习课程，在下一轮实习课程评估中继续复评；对于无改进的实习课程，向教学单位下发整改通知。

（七）提交改进计划：秋季学期第 7 周

授课教师根据上一轮质工委抽评实习课程评估结果反馈，参照《西南交通大学本科实习实践课程改进计划报告（初评课程教师用）》（XJZB-5604-1.0），提交课程改进计划。

四、西南交通大学本科实习实践评估结果应用

1. 本科实习实践质量保障情况全部按教学单位录入并留存于信息化平台中的实习实践档案系统。

2. 实习课程评估结果将作为学校对各教学单位年度本科教学工作考核的重要指标之一。

3. 实习课程评估结果将作为每年评选和表彰实习课程中的优秀实习队和优秀实习指导教师的重要依据。

附录 5-4 西南交通大学本科生实习管理办法（XJZB-5302-1.0）

编号	XJZB-5302
版本	1.0
生效日期	2017 年 3 月

西南交通大学本科生实习

管理办法

目　录

第一章　总　则

第一条　实习教学是学校教学工作的重要组成部分，是巩固学生的理论知识，培养学生创新精神、实践能力的重要环节，是提高学生分析问题、使学生了解社会、接触生产实际、增强劳动观念、实现人才培养目标的重要途径。为了进一步加强和规范实习工作的管理，提高教学质量，制定本办法。

第二条　本办法所指的实习是教学计划规定的认识实习、生产实习、毕业实习、社会调查等实践性教学环节。

第二章　实习的组织与管理

第三条　实习工作在主管校长的领导下，实行校、院两级管理。教务处协助校领导进行全校实习的组织管理工作。各学院由教学负责人负责，具体完成实习的主要组织和实施。学校其他部门协调共同做好相关工作。

各级管理部门的职责分别为：

（一）教务处：

1. 审查汇总全校各专业实习计划；

2. 审查各实习队指导教师资格、人数；

3. 制订实习的指导性文件；审查实习大纲；

4. 负责实习经费的分配、审核和实习证明的签发；

5. 配合各学院建立实习基地；

6. 组织实习教学检查与评估，评选和表彰实习中的校级优秀实习队和优秀实习指导教师；

7. 研究、处理实习中的重大问题。

（二）各有关学院：

1. 审核有关教研室拟定的实习计划、实习指导教师的名单，于春季学期初填报"西南交通大学各专业实习计划表"（包括集中实习和分散实习），并按期上报教务处。

2. 组织编写实习大纲、实习教材或实习指导书；

3. 认真选择实习地点，按照就地就近和相对稳定的原则，争取每个专业都能建立一个相对稳定的实习基地；

4. 组织教师做好实习准备工作，做好实习学生出发前的组织和思想教育工作；

5. 指导本学院各专业实习工作，并深入实习现场开展调查研究，解决实习中的问题；

6. 遴选实习指导教师：

（1）实习指导教师是实习的具体组织者，应由熟悉企事业单位经营管理、生产过程和环节等方面知识，工作责任心强，有一定组织能力的，具备中级及以上技术职称的教师担任。

（2）为了保证实习质量，各学院应指派一定数量的教师进行实习指导。原则上每20～30人配备1名指导教师。

7. 检查实习质量，并组织开展实习总结工作：

（1）实习结束以后，组织各实习队认真做好实习总结工作；

（2）完成实习总结、学生实习报告等相关资料的归档工作；

（3）组织评选实习中的先进实习队和个人，并向学校推荐其中有突出成就的单位和个人参加优秀教学成果奖的评选。

第四条　实习指导教师职责

（一）根据实习大纲，结合实习单位的具体情况，拟定实习实施计划和日程表；

（二）讲授实习大纲内容，让学生明确实习的目的和要求；

（三）指导学生写好实习日志、实习作业、实习报告等；

（四）加强学生思想教育、安全教育、纪律教育，实行逐日考勤制度，对违反纪律的学生应及时处理；

（五）贯彻启发式的实习指导原则，采用"两结合"和"四勤两疑"方法，即生产实习和生产任务相结合，学生观摩与动手相结合；学生勤观摩、勤问、勤思考、勤动手，指导教师认真进行质疑和答疑；

（六）与实习单位加强联系，争取对方的指导和帮助。利用实习机会，适当承担生产任务、技术改造、技术咨询、专题讲座和科研工作，密切校企合作；

（七）负责实习队的车票、经费开支食宿等事宜的落实，并注意节约；

（八）实习结束后，根据学生实习期间的表现、实习报告的质量以及考核结果等，评定实习成绩。做好实习总结工作，并于实习结束后1周内填写好"西南交通大学实习队工作报告"，连同学生实习成绩、实习报告等资料交学生所在学院存档。

第五条　对实习学生的要求：

（一）严格遵守国家的政策法规及实习单位的安全、保密及劳动纪律等有关制度；

（二）树立严于律己、吃苦耐劳的精神，强化事业心和责任感，自觉维护学校和集体的荣誉；

（三）服从实习队的统一安排和指挥，遵守实习的有关规章制度；实习中统一行动，注意人身和财物安全，防止意外事故的发生；实习期间不得独自行动和在外住宿；学生因违纪造成的一切后果自负，并将受到相应的纪律处分；

（四）按时完成实习大纲规定的实习项目，认真填写实习日志，按要求完成实习作业、实习报告并参加考核。

第三章　实习大纲、实习指导书

第六条　实习大纲、实习指导书是根据培养方案内容，以纲要的形式编写的实习环节（课程）教学内容的指导性文件，是进行实习教学工作的依据。凡本科培养计划中包含的实践教学设置细化表中设置的各类教学实习，都应由学院根据不同的教学目标，制订相应的实习大纲和实习指导书，报教务处审核批准后实施。

第七条　原则上实习大纲和实习指导书的内容和格式应保持统一。若学科特点有特殊要求，个别学院可自行制定实习大纲和实习指导书，并报教务处备案。

1. 实习大纲的内容应包括：

（1）实习性质、目的和任务；

（2）实习的内容、形式、方法和时间安排；

（3）实习环境和方式；

（4）教师责任；

（5）学生实习要求；

（6）实习报告或作业的内容及要求；

（7）实习考核方式与成绩评分办法；

（8）参考资料；

（9）大纲制订人、审核人及制订时间。

2. 实习指导书的主要内容应包括：

（1）实习过程中的各个具体步骤；

（2）实习报告内容及格式；

（3）实习成绩评定方法。

第四章　实习教学计划

第八条　实习教学计划是专业教学计划的重要组成部分，由学院组织有关人员根据各专业培养目标和学科特点制定，实习教学计划要注重与理论教学的衔接。

第九条　实习教学计划确定后原则上应保持稳定。若因特殊原因需调整实习教学计划，应报教务处审批并备案。

第五章　实习单位的选定

第十条　实习单位要满足本科教学实习任务的要求，为实习学生提供必需的食宿、学习、卫生、安全等基本条件。在保证实习效果和质量的前提下，学院应按照就近就地、相对稳定、节约经费的原则，争取每个专业都能建立一个相对稳定的实习基地。

第十一条　教学单位应采取积极有效的措施，通过产、学、研合作与相关企事业单位建立较稳定的实习关系，条件成熟的应使之成为相对固定的教学实习基地，确保实习质量。

第六章　实习成绩考核

第十二条　指导教师按照实习大纲的要求，根据学生的实习日志、作业、实习报告、考察、答辩成绩（针对 3 周及以上的分散实习，学院可根据具体情况组织学生答辩）以及纪律表现等情况综合评定实习成绩。

第十三条　实习成绩评定

学院应制定统一的考核标准，实习指导教师应严格按照标准评定学生实习成绩。实习成绩评定采用百分制或五级制（优、良、中、及格、不及格）记载。

第十四条　实习未通过者必须重修，所需费用由本人自理。

第十五条　学生因参加学校组织的学科竞赛校队集训或国际工程实践项目等原因不能参加实习的，由本人申请并提供相关支撑材料，提交所在学院审核，经学院审核认定符合专业人才培养目标、支持毕业要求达成的，可办理实习替代，并报教务处备案，其成绩由指导教师或项目领队评定。

第七章　实习经费管理与使用

第十六条　根据国家财政拨款及我校财力情况，学校每年按照预算将实习经费划拨教务处，教务处应严格按照教学计划且专款专用的方式对实习经费进行统筹分配，学院负责实习经费的具体管理和使用。学校由教务处负责对学院实习经费的使用进行审核和监督。

第十七条　学院应本着"合理开支、严格审查、专款专用、厉行节约"的原则，加强对实习经费的管理。学生实习超出学校分配给学院的实习经费额度时，其差额部分由学院自筹解决。

第十八条　学院应使用实习经费为外出实习的学生购买保险。

第十九条　实习经费的报销及发放原则上在秋季学期第一个月内完成。集中实习产生的费用需由指导教师提供相关票据到学校计财处办理报销手续，分散实习可由学院统一造册后由计财处统一发放到参加实习学生的银行卡上。

第二十条　实习费用所涉及的开支与报销标准，需严格按照西南交通大学经费管理的有关规定执行。对挪用、截留、克扣、虚报学生实习经费者，学校将按相关规定严肃查处。

第八章　附　则

第二十一条　本办法自 2017 年 9 月 1 日起施行。原《西南交通大学本科生实习工作管理规定》《西南交通大学本科生实习经费管理办法》同时废止。

第二十二条　学校授权教务处对本办法进行解释。

附录 5-5 西南交通大学本科实习教学质量评估指标（XJZB-5401-1.0）

编号	XJZB-5401
版本	1.0
生效日期	2017 年 3 月

西南交通大学

本科实习教学质量评估指标

教学单位：_____

完成时间：_____

西南交通大学本科实习教学质量评估指标

实习名称：＿＿＿＿＿＿＿＿＿＿　　　　　　　适用专业：＿＿＿＿＿＿＿＿＿＿

教学单位：＿＿＿＿＿＿＿＿＿＿　　　　　　　评估专家：＿＿＿＿＿＿＿＿＿＿

序号	评估内容	评估指标	等级				
			特优	优秀	良好	尚可	待改进
1	教学目标与学习成果	1.1 实习教学目标设置合理、明确，能够有效支持专业培养目标与毕业要求的达成。 1.2 课程对学生学习成果有明确的评价方法，相关证明材料及其分析能够清晰反映学生的课程学习成果，且这些学习成果与教学目标相对应。 1.3 学生认真填写实习日志，记录详细；实习报告数据准确，撰写规范，能够很好反映实习成果。 1.4 实习教学能够有效提升学生创新精神、实践能力和综合素质，能够帮助学生了解社会与行业。					
2	教学内容与教学策略	2.1 课程教学内容与教学目标相对应，支持教学目标达成，内容完整、详细、清晰。 2.2 尊重学科认知规律和学生实际学情，能够不断激发学生学习兴趣和学习潜力，有效达成教学目标。 2.3 实习计划内容完整、详细；实施方案具体，实习过程记录详尽，落实计划措施得力，经费使用合理高效。 2.4 对学生进行了安全教育和实习安排，建立了明确的实习纪律，并严格执行，对学生到位情况有检查记录，遵守安全、保密和劳动保护等有关规定，学生无违纪和事故发生。 2.5 能够有效并恰当地处理实习教学中的突发事件。					
3	教学资源与学习支持	3.1 课程为学生提供了丰富且有效的实习学习资源，并指导学生如何高效获取并使用学习资源。 3.2 通过多种方式为学生实习提供足够支持与指导，包括实习方法指导等。关注学习困难学生，为其提供支持以使其顺利完成实习课程。 3.3 课程关注学生的实习情况，利用各种技术手段收集与学生实习相关的信息和数据，积极开展关于教与学的研究，通过总结反思不断改进实习教学。					

序号	评估内容	评估指标	等级				
			特优	优秀	良好	尚可	待改进
4	成绩评定与反馈	4.1 所采用的成绩评定办法与标准能够客观且公正评价学生的实习表现，特别是确保了同一课程代码下多个实习队之间评分标准的一致性。 4.2 成绩评定包含多个考核项目，各项目设置以及所占比重合理，能有效评价学生在教学目标上的达成度。 4.3 设置的合理的考核项目使得学生在整个实习过程中都能持续努力，促进教学目标达成。					
		4.4 对学生在实习课程中的表现进行及时且充分的反馈，以帮助学生不断改进学习。 4.5 实习指导老师能够及时撰写总结报告，对实习基地建设和后续实习开展提供持续改进的依据。					
5	基地条件	5.1 合作单位在专业领域有较强的实力，能够提供学生实习所需足够的空间和时间，实习基地周围食宿便利，能保障实习的有序开展。					
		5.2 能提供有丰富工程实践背景的实习指导教师，且具有讲师及以上或同等职称，每个教师指导的学生数在30人以下。					
		5.3 签署有效协议并建立了长期稳定的合作关系。					
总体评价							

附录 5-6　西南交通大学本科实习课程教学计划（XJZB-5601-1.0）

编号	XJZB-5601
版本	1.0
生效日期	2017 年 3 月

西南交通大学

本科实习课程教学计划

课程代码：＿＿＿＿＿＿＿＿＿＿

课程名称：＿＿＿＿＿＿＿＿＿＿

教学单位：＿＿＿＿＿＿＿＿＿＿

完成日期：＿＿＿＿＿＿＿＿＿＿

***实习课程教学计划模板（参考）

一、实习课程基本信息

课程名称：

课程代码：

课程类别：

课程性质：

开课年级：

课程类型：

面向专业：

学分：

二、预期学习成果（教学目标，同一门实习课程所有实习队应一致）

1. 任务和地位：

2. 知识要求：

3. 能力要求：

三、教学日历（基本教学内容与学时安排，同一门课程所有开课班应基本一致）（以半天为组织单元，对教学过程进行有效的组织，明确课前应做哪些准备、课上讲授内容等；目的是让学生了解该门实习课程主要内容及学时安排，引导学生开展学习，因此请以知识单元为基本进行组织，同时将考核环节各项要求体现在相应学时中）（表1）

表 1　教学日历

日 期	周次（第几周）	星期（星期几）	上午/下午	地点	教学内容	对学生的要求

四、相关理论课程及参考资料（同一门课程各开课班可适当不同）

1. 　　；

2. 　　。

五、考核方式及评分标准（出勤、实习纪律、实习作业、实习报告、学年论文等，同一门课程所有开课班应基本一致）（希望与授课助手协同，与成绩评定协同）（目的是让学生实习前明确考核方式，科学合理安排时间，是学生预习复习及完成各个考核环节的参考。各环节何时实施应在"基本教学内容与学时安排"中进行体现）（表2）

表 2　考核方式及评分标准

考核方式	考核详细说明	所占比例
出　勤		
实习纪律		
实习作业		
实习报告		
……		
总　计		100%

六、成功的技巧（教师对学生的建议，同一门课程各开课班可不同）

七、学术诚信规定（同一门课程各开课班可不同）

八、其他（任课教师可根据实际情况拟定，同一门课程各开课班可不同）

附录 5-7 西南交通大学本科生实习队工作报告（XJZB-5602-1.0）

编号	XJZB-5602
版本	1.0
生效日期	2017 年 3 月

西南交通大学

本科生实习队工作报告

实习队名：＿＿＿＿＿＿＿＿＿＿＿＿＿＿＿＿

完成时间：＿＿＿＿＿＿＿＿＿＿＿＿＿＿＿＿

西南交通大学本科生实习队工作报告

实习名称			课程代码及教学班号		
学院名称			实习人数	教师人数	总实习天数
实习类型	□集中实习　　□分散实习		学生实习作业完成情况		
领队老师		指导教师	指导教师一　指导教师二　指导教师三　（可增加）		

实习单位	实习地点	实习单位联系人信息		实习时间		实习天数	备注
		姓名	电话	开始时间	结束时间		

实习经费使用情况			
项　目	金　额（元）	经 费 使 用 说 明	
交通费			
住宿费			
资料费			
培训费			
其　他			
合　计		人均实习经费（元/学生）	

实习主要内容：

实习主要收获:	
存在的问题及改进措施:	
实习效果:(是否达到实习大纲要求)	□ 优　　　□ 良　　　□ 中　　　□ 差

附录 5-8　西南交通大学本科实习课程评估报告（评估专家用）（XJZB-5603-1.0）

编号	XJZB-5603
版本	1.0
生效日期	2016 年 4 月

西南交通大学本科实习课程评估报告

（评估专家用）

课程代码：＿＿＿＿＿＿＿＿＿＿＿＿＿

课程名称：＿＿＿＿＿＿＿＿＿＿＿＿＿

教学单位：＿＿＿＿＿＿＿＿＿＿＿＿＿

完成日期：＿＿＿＿＿＿＿＿＿＿＿＿＿

一、实习课程教学最突出优点

（请简单描述与其他实习课程相比，本课程给您印象深刻的优点。）

二、教学中存在主要问题

1. 教学目标与学习成果
2. 教学内容与教学策略
3. 教学资源与学习支持
4. 成绩评定与反馈
5. 基地条件

三、改进意见建议

（请明确写出若干条改进意见建议，以作为今后评估课程持续改进情况的主要依据。）

编号	XJZB-5604
版本	1.0
生效日期	2016 年 4 月

西南交通大学本科实习课程

改进计划报告

（初评课程教师用）

课程代码：＿＿＿＿＿＿＿＿＿＿＿

课程名称：＿＿＿＿＿＿＿＿＿＿＿

教学单位：＿＿＿＿＿＿＿＿＿＿＿

完成日期：＿＿＿＿＿＿＿＿＿＿＿

改进计划报告撰写的重点应放在针对上一轮实习课程评估报告中反馈的问题，提出的意见建议，对教学中存在主要问题进行反思上，请逐一进行分析并说明改进计划。

附录 5-10　西南交通大学本科实习实践课程改进成效报告（复评课程教师用）
（XJZB-5605-1.0）

编号	XJZB-5605
版本	1.0
生效日期	2016 年 4 月

西南交通大学本科实习课程

改进成效报告

（复评课程教师用）

课程代码：＿＿＿＿＿＿＿＿＿＿＿＿＿

课程名称：＿＿＿＿＿＿＿＿＿＿＿＿＿

教学单位：＿＿＿＿＿＿＿＿＿＿＿＿＿

完成日期：＿＿＿＿＿＿＿＿＿＿＿＿＿

改进成效报告撰写的重点应放在实习课程是如何将改进计划具体落实在本学期实习课程教学中的，说明课程持续改进的做法与效果。

西南交通大学本科教学质量保障工作手册

西南交通大学教学质量保障工作委员会
西南交通大学教务处　编

毕业设计（论文）

（第6册）

代宁　张国正　卫飞飞　翟旭　编著

西南交通大学出版社
·成都·

图书在版编目（CIP）数据

西南交通大学本科教学质量保障工作手册. 毕业设计（论文）/ 代宁等编著. —成都：西南交通大学出版社，2018.12（2024.4 重印）
ISBN 978-7-5643-6653-7

Ⅰ. ①西… Ⅱ. ①代… Ⅲ. ①本科 – 教学质量 – 保障体系 – 成都 – 手册 Ⅳ. ①G649.2-62

中国版本图书馆 CIP 数据核字（2018）第 290788 号

《西南交通大学本科教学质量保障工作手册》

编委会

主　　编：冯晓云

副 主 编：郝　莉　　崔　凯　　朱志武

编　　委：代　宁　　刘朝晖　　张国正　　姬晓旭　　张长玲
　　　　　冷　伟　　卫飞飞　　李静波　　王克贵　　尹帮旭
　　　　　丁　蔓　　祝　懿　　徐　凌　　翟　旭　　雷　霁
　　　　　胡赛明

本册作者：代　宁　　张国正　　卫飞飞　　翟　旭

目　录

一、西南交通大学本科毕业设计（论文）评估重要性

本科毕业设计（论文）是本科人才培养的重要教学环节之一，是检验本科教学与质量的最后一关，是学生对专业知识进行梳理、对工作能力进行培养、对创新意识进行挖掘的关键途径，是本科学生未来独立开展科学研究或从事生产实践的基础。通过进行毕业设计和撰写毕业论文，可以培养学生针对某一指定课题或现实问题，综合运用本科教育的基本理论、专业知识和技能，分析、解决实际生产生活问题或开展科学研究的初步能力，提升学生在知识、能力、人格和价值方面的整体素质。

随着国际高等教育理念的不断创新、社会对人才培养要求和规格的不断提高，在正式加入《华盛顿协议》后的中国高等教育，尤其是高等工程教育面临着新的契机和挑战。作为一所历史悠久、工科特色鲜明的院校，面对国内外新型的工程教育环境以及学校向综合性研究型一流大学转型的新形势，西南交通大学对本科人才的培养提出了新要求。《教育部等部门关于进一步加强高校实践育人工作的若干意见》（教思政〔2012〕1号）中指出，"要全面落实本科专业教学质量国家标准对实践教学的基本要求，加强实践教学管理，提高实验、实习、实践和毕业设计（论文）质量"。如何提高本科毕业设计（论文）质量、建立健全本科毕业设计（论文）质量保障体系已经成为本科院校工作面临的重点难题。基于此，为实现培养拔尖创新人才的要求，西南交通大学将本科毕业设计（论文）质量保障纳入本科教学质量保障体系之中，通过评估、反馈和改进成效评价，形成持续改进的本科毕业设计（论文）质量保障体系，切实提升本科教学质量。

二、西南交通大学本科毕业设计（论文）质量保障职责

西南交通大学本科毕业设计（论文）质量保障实行学校、教学单位、基层教学组织三级管理，各级主体的主要责任如下。

（一）学　　校

1. 学校教学质量保障工作委员会。

学校教学质量保障工作委员会（以下简称质工委）由学校学术委员会授权，主导本科毕业设计（论文）的校级评估工作。其具体职责为：

（1）制定本科毕业设计（论文）质量相关的文件和评估实施程序，确定评估方法，与各教学单位展开合作，做好本科毕业设计（论文）质量的评估、反馈与指导工作。

（2）根据评估结果，做好信息反馈工作，提出改进建议，跟踪并评估其持续改进情况。

2. 教务处。

教务处作为学校本科教学和教务管理的职能部门，总体负责本科毕业设计（论文）相关工作。其具体职业为：

（1）在主管教学副校长的领导下，负责本科毕业设计（论文）的组织管理、过程监控、检查总结等。

（2）审核各教学单位毕业设计（论文）经费支出。

（3）汇总各学院（中心）毕业设计（论文）课题和指导教师安排，检查执行情况，协调有关问题。

（4）牵头组织中期检查、抽样答辩、答辩工作。

（5）毕业设计（论文）结束后，进行"优秀毕业设计（论文）"和"优秀毕业设计（论文）指导教师"评选。

（6）对优秀论文进行汇编。

（7）组织教学单位对"毕业设计（论文）工作规定"进行修订，对毕业设计（论文）工作进行总结。

（二）教学单位

各教学单位应成立本科毕业设计（论文）领导小组，负责对本教学单位的本科毕业设计（论文）工作进行组织领导和全过程监控。领导组由教学单位教学负责人任组长，系主任（教研室主任）或资深指导教师任组员，负责下述工作：

1. 本科毕业设计（论文）规定的制定和修改。

2. 审核本科毕业设计（论文）题目与要求，因故改题的本科毕业设计（论文）需报送教务处备案，由领导小组审批。

3. 审核本科毕业实习计划与毕业实习报告的组成内容。

4. 审定本科毕业设计（论文）指导教师和学生的资格，并分配任务。

5. 检查并联系解决本科毕业设计（论文）的过程中遇到的问题。

6. 按本科毕业设计（论文）流程，进行全过程监控，保证本科毕业设计（论文）的质量。

（三）基层教学组织

各专业教学团队等基层教学组织，应结合各专业特点，制定和完善本专业本科毕业设计（论文）的内部保障机制，保障本科毕业设计（论文）的质量。

三、西南交通大学本科毕业设计（论文）评估机构

1. 质工委代表学校学术委员会，主导本科毕业设计（论文）的校级评估；质工委本科教学质量保障分委会负责校级本科毕业设计（论文）评估过程的具体组织实施。

2. 各教学单位可根据本单位实际情况，通过教授委员会、院级督导组等机构，开展本科毕业设计（论文）的院级评估。

四、西南交通大学本科毕业设计（论文）评估文件体系

根据西南交通大学本科教学质量保障工作的总体部署，已完成制定本科毕业设计（论文）评估的指导意见、通用质量标准、指标体系、实施办法和报告模板等相关文件，形成了较为完善的本科毕业设计（论文）质量保障文件体系，详见表1。

表 1　西南交通大学本科毕业设计（论文）评估文件

文件类型	文件标题	文件编号	附录编号
指导意见	西南交通大学本科毕业设计（论文）评估指导意见	XJZB-6101-1.0	附录 6-1
质量标准	西南交通大学本科毕业设计（论文）评估通用质量标准	XJZB-6201-1.0	附录 6-2
实施办法	西南交通大学本科毕业设计（论文）评估实施办法	XJZB-6301-1.0	附录 6-3
	西南交通大学本科毕业设计（论文）管理办法	XJZB-6302-1.0	附录 6-4
评估工具	西南交通大学本科毕业设计（论文）质量评估指标	XJZB-6401-1.0	附录 6-5
报告模板	西南交通大学教学单位本科毕业设计（论文）质量保障自评估报告（教学单位用）	XJZB-2604-1.0	见第二册附录 2-6
	西南交通大学教学单位本科毕业设计（论文）质量保障评估报告（质工委用）	XJZB-2608-1.0	见第二册附录 2-10

五、西南交通大学本科毕业设计（论文）评估工作流程

根据学校教学质量保障体系相关工作的总体部署，由质工委委员牵头，从专家库中抽取一定数量的专家，组成本科毕业设计（论文）评估组，对全校的本科毕业设计（论文）进行抽查。教学单位负责组织接受校级评估，并对校级评估结果进行反馈，同时对教学单位整体本科毕业设计（论文）质量保障情况进行说明。本科毕业设计（论文）评估工作流程见图1。

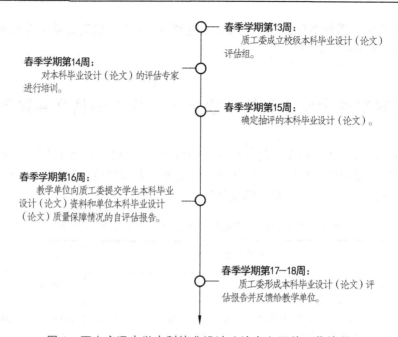

春季学期第13周：
　　质工委成立校级本科毕业设计（论文）评估组。

春季学期第14周：
　　对本科毕业设计（论文）的评估专家进行培训。

春季学期第15周：
　　确定抽评的本科毕业设计（论文）。

春季学期第16周：
　　教学单位向质工委提交学生本科毕业设计（论文）资料和单位本科毕业设计（论文）质量保障情况的自评估报告。

春季学期第17—18周：
　　质工委形成本科毕业设计（论文）评估报告并反馈给教学单位。

图 1　西南交通大学本科毕业设计（论文）评估工作流程

附录 6-1　西南交通大学本科毕业设计（论文）评估指导意见（XJZB-6101-1.0）

编号	XJZB-6101
版本	1.0
生效日期	2016 年 10 月

西南交通大学本科毕业设计（论文）评估

指导意见

目　录

一、西南交通大学本科毕业设计（论文）评估原则

因为本科毕业设计（论文）评估工作兼具系统性和专业性的特点，不同的本科毕业设计（论文）既具有共同的特征，同时又因不同专业之间学科特点和人才培养目标的不一样，存在不同程度的差异性。因此，要科学地评价本科毕业设计（论文），应坚持以下原则：

1. 系统性原则。通过研究本科毕业设计（论文）的一般模式、结构和规律，找出共同特征和影响本科毕业设计（论文）质量的关键所在。

2. 专业性原则。本科毕业设计（论文）应根据不同专业特点区别对待，其评价应综合体现各专业特点、人才培养目标和学校特色，从而对本科毕业设计（论文）作出最有效和最合理的价值判断。

3. 可操作性原则。本科毕业设计（论文）的各项指标应明确，可实际观测或考评，并尽量将指标量化，避免由印象分、主观分占据较大比重。

4. 公平性原则。客观反映本科毕业设计（论文）撰写过程及质量，同一专业要遵循统一的目标、考评内容、考评标准和考评方法，同时要组织多方主体对论文质量进行考评，形成全评与抽评、指导教师评审与交叉评审、校内评审与校外评审相结合的多元评价机制，强化评价过程的开放透明和评价结果的公开公正。

二、西南交通大学本科毕业设计（论文）评估目标

本科毕业设计（论文）评估目标主要包括两个方面：一是保证所有的本科毕业设计（论文）达到西南交通大学本科毕业设计（论文）的最低质量标准，并在此基础上不断促进本科毕业设计（论文）的质量提升；二是全面评价本科教学工作，为学校进行本科教学改革奠定基础。

三、西南交通大学本科毕业设计（论文）评估对象

本科毕业设计（论文）的评估对象包括学术论文和毕业设计两种形式。

（一）本科毕业设计

本科毕业设计是技术科学专业及其他需培养设计能力的专业或学科应届毕业生的总结性独立作业，通常要求学生针对某一课题，综合运用本专业有关课程的理论和技术，作出解决实际问题的设计。

（二）本科毕业论文

本科毕业论文是按照教学计划的要求，由本科生在完成学业获取学士学位前，在专业教师的指导下，独立撰写的习作性的学术性论文。

四、西南交通大学本科毕业设计（论文）评估机构

1. 质工委代表学校学术委员会，主导本科毕业设计（论文）的校级评估，并负责评估结果的发布和解释。

2. 质工委本科教学质量保障分委会负责校级本科毕业设计（论文）评估过程的具体组织实施。针对不同类型的毕业设计（论文），由分委会委员和专家库成员组成若干评估组，开展对全校本科毕业设计（论文）的抽评工作。

3. 各教学单位可根据本单位实际情况，通过教授委员会、院级督导组等机构，或成立本科毕业设计（论文）评估工作组，对毕业设计（论文）工作进行组织领导和全过程监控，开展本科毕业设计（论文）的院级评估，接受校级评估，反馈校级评估结果，并评估改进情况。

五、西南交通大学本科毕业设计（论文）评估方式

西南交通大学本科毕业设计（论文）评估以专家组抽查的方式开展。质工委每学年按每个教学单位毕业设计（论文）数量 10% 的比例抽取，对教学单位的本科毕业设计（论文）开展校级评估。

专家组依据但不限于以下途径收集本科毕业设计（论文）质量信息，根据质量标准和评价表对本科毕业设计（论文）质量及教学单位本科毕业设计（论文）内部质量保障体系建设情况进行评价。

1. 审阅开题报告、中期检查报告、中期检查表、指导记录、本科毕业设计（论文）任务书、本科毕业设计评分表、本科毕业论文答辩评分表等。

2. 审阅学生的毕业设计（论文）。

3. 组织教师、学生、校友、企业代表开展座谈、访谈、问卷调查。

附件 6-2　西南交通大学本科毕业设计（论文）通用质量标准（XJZB-6201-1.0）

编　号	XJZB-6201
版　本	1.0
生效日期	2016 年 10 月

西南交通大学本科毕业设计（论文）

通用质量标准

目　录

一、适用范围

本标准适用于西南交通大学本科毕业设计（论文）工作的建设与评估。

二、与其他文件的关系

1. 本文件主要给出本科毕业设计（论文）的质量标准与教学规定。

2. 本科毕业设计（论文）评估指标请参照《西南交通大学本科毕业设计（论文）质量评估指标》（XJZB-6401-1.0）。

3. 本科毕业设计（论文）评估实施办法请参照《西南交通大学本科毕业设计（论文）评估实施办法》（XJZB-6301-1.0）。

三、质量标准

西南交通大学本科毕业设计（论文）质量标准包含以下 4 个方面：

（一）教学目标与内容

1. 本科毕业设计（论文）应当能够支持专业培养目标和毕业要求达成，工科类毕业设计应支持《工程教育认证通用标准（2018 版）》毕业要求达成。

2. 本科毕业设计（论文）应涵盖知识、能力、人格与价值等多个维度的目标，促进学生综合素养的提升。尤其是，工科专业通过毕业设计（论文）应当能够有效提升提高学生解决复杂工程问题的能力。

3. 本科毕业设计（论文）内容与教学目标要相对应，深度广度适当，支持教学目标达成。

4. 要尊重学科认知规律和学生实际学情，能够不断激发学生学习兴趣和学习潜力，有效达成教学目标。

（二）成绩评定与反馈

1. 对本科毕业设计（论文）的考核应与教学目标相对应，支持教学目标达成。

2. 成绩评定应包含多个考核项目，各项目设置以及所占比重应合理，能有效评价学生在教学目标上的达成度。

3. 应通过设置合理的考核项目使得学生在整个完成毕业设计（论文）的过程中都能持续努力，促进教学目标达成。

4. 应及时将考核情况反馈给学生，帮助学生更好地完成毕业设计（论文）。

5. 对于同一专业本科毕业设计（论文），须遵循统一的考评标准与考评方法。

（三）学习成果

针对本科毕业设计（论文）教学目标，学生经过毕业设计（论文）教学过程后，在知识、技能、能力和素质等各方面的收获和提高程度要达到教学大纲要求的水平，要是对学生的成长与发展带来积极的影响，这种影响在毕业设计（论文）完成后能在学生学习中发挥持续的积极作用，为学生进入不同社会群体或工作领域作准备。

相关证明材料及其分析结果要能够清晰反映学生的学习成果，且这些学习成果与教学目标相对应。

（四）指导过程

1. 制订合理的计划进度并严格执行。

2. 能够为学生提供丰富且有效的学习资源，并指导学生如何高效获取并使用学习资源。

3. 为学生的毕业设计（论文）的完成提供足够支持与指导，包括方法指导、答疑等。

4. 能够及时发现学习困难的学生，帮助他们度过困难期并顺利完成毕业设计（论文）。

四、本科毕业设计（论文）教学规定

本科毕业设计（论文）原则上均应遵守以下规定，若遇特殊情况无法遵守时，应在毕业设计（论文）指导工作正式开始之前提出申请，经教学单位批准后报教务处备案后方可施行。

（一）选题要求：力求与社会、生产和科研实践相结合

应根据培养目标，围绕本学科和专业特色选择有一定实用价值的，能对所学课程知识、实践能力进行综合训练的题目。选题应注重创新。题目应有一定的研究难度，有饱满的工作量，并能体现教学计划中对基本知识、基础理论、基本技能的要求以及对能力、知识结构的基本要求，鼓励教师结合科研项目拟定毕业论文题目。工程类专业题目应主要来自工程实际，并鼓励学生多做设计类题目，培养学生运用理论知识解决实际问题的能力。

（二）审题要求：专业教研室与学院两级严格审查

学院应切实做好审题工作，组织各专业根据专业培养计划和选题要求制定选题细则，确定审题专家组成员，落实审题程序。专业教研室和学院毕业设计（论文）工作小组须严格把关，确保题目质量。

（三）指导要求：严格审查指导教师及进行毕业设计（论文）学生资格

毕业设计（论文）指导教师应当由具备讲师及以上职称的，学术水平较高且具有较丰富实践教学经验的教师或工程技术人员担任，要求教授、副教授等相应高级职称教师必须指导毕业设计（论文）。务必做到每个学生一人一题。指导教师每人指导的本科毕业设计（论文）人数一般不能超过 10 人。毕业设计（论文）的进行时间应不少于 16 周。

指导教师是毕业设计（论文）的质量责任人，必须保证有足够的时间和精力投入指导工作中，原则上要求指导教师应保证至少每周与每个学生直接见面一次，每月进行一次阶段性检查，并提出评价和指导意见。

（四）答辩：严格审查指导教师及进行毕业设计（论文）学生资格

毕业设计（论文）书写必须严格按照规范要求执行。学院应做好学生答辩资格审查工作，对于不符合毕业设计（论文）质量要求的学生，学院必须取消其本次毕业设计（论文）答辩资格，责令学生进行整改，延期答辩。学院应当组织审查毕业设计（论文）的指导教师、评阅教师及答辩委员会的意见和成绩评定是否恰当，各种工作表格填写是否规范。

附件 6-3 西南交通大学本科毕业设计（论文）评估实施办法（XJZB-6301-1.0）

编号	XJZB-6301
版本	1.0
生效日期	2016 年 10 月

西南交通大学本科毕业设计（论文）

评估实施办法

目　录

本科毕业设计（论文）是实现学生培养目标的重要教学环节，其质量是衡量教学水平，学生毕业和学位资格认证的重要依据，也是实现学生培养目标的综合体现。为进一步确保本科毕业设计（论文）质量，建立完善的校内本科毕业设计（论文）评估制度，结合我校实际，制定本办法。

一、西南交通大学本科毕业设计（论文）评估对象

本科毕业设计（论文）的评估对象包括学术论文和毕业设计两种形式。

（一）本科毕业设计

本科毕业设计是技术科学专业及其他需培养设计能力的专业或学科应届毕业生的总结性独立作业，通常要求学生针对某一课题，综合运用本专业有关课程的理论和技术，作出解决实际问题的设计。

（二）本科毕业论文

本科毕业论文是按照教学计划的要求，由本科生在完成学业获取学士学位前，在专业教师的指导下，独立撰写的习作性的学术性论文。

二、与其他文件关系

1. 本文件主要给出对校内本科毕业设计（论文）评估在实施层面的具体说明。
2. 本科毕业设计（论文）评估标准请参照《西南交通大学本科毕业设计（论文）通用质量标准》（XJZB-6201-1.0）。
3. 本科毕业设计（论文）评估指标请参照《西南交通大学本科毕业设计（论文）质量评估指标》（XJZB-6401-1.0）。
4. 请参照《西南交通大学本科毕业设计（论文）管理办法》（XJZB-6302-1.0）。

三、西南交通大学本科毕业设计（论文）评估机构

1. 质工委代表学校学术委员会，主导本科毕业设计（论文）的校级评估，并负责评估结果的发布和解释。
2. 质工委本科教学质量保障分委会负责校级本科毕业设计（论文）评估过程的具体组织实施。针对不同类型的毕业设计（论文），由分委会委员和专家库成员组成若干评估组，开展对全校本科毕业设计（论文）的抽评工作。

3. 各教学单位可根据本单位实际情况，通过教授委员会、院级督导组等机构，或成立本科毕业设计（论文）评估工作组，对毕业设计（论文）工作进行组织领导和全过程监控，开展本科毕业设计（论文）的院级评估，接受校级评估，反馈校级评估结果，并评估改进情况。

四、西南交通大学本科毕业设计（论文）评估方式

西南交通大学本科毕业设计（论文）评估以专家组抽查的方式开展。质工委每学年按每个教学单位毕业设计（论文）数量 10% 的比例抽取，对教学单位的本科毕业设计（论文）开展校级评估。

专家组依据但不限于以下途径收集本科毕业设计（论文）质量信息，根据质量标准和评价表对本科毕业设计（论文）质量及教学单位本科毕业设计（论文）内部质量保障体系建设情况进行评价。

1. 审阅开题报告、中期检查报告、中期检查表、指导记录、本科毕业设计（论文）任务书、本科毕业设计评分表、本科毕业论文答辩评分表等；

2. 审阅学生的毕业设计（论文）；

3. 组织教师、学生、校友、企业代表开展座谈、访谈、问卷调查。

五、校级本科毕业设计（论文）评估实施过程

本科毕业设计（论文）评估过程及时间节点如下：

（一）成立本科毕业设计（论文）评估组：春季学期第 2 周

1. 各教学单位向质工委推荐本学年本科毕业设计（论文）评估专家，所推荐专家原则上应已通过资格审核并入选学校本科毕业设计（论文）评估专家库。

2. 质工委在教学质量保障信息化平台确定本学年参加本科毕业设计（论文）评估的质工委委员与专家，并按照不同学科门类成立若干本科毕业设计（论文）评估组。

3. 各教学单位在教学质量保障信息化平台报送本单位本科毕业设计（论文）评估秘书，负责本单位与质工委评估工作的衔接与沟通。

4. 教务处成立本科毕业设计（论文）评估秘书组，负责本科毕业设计（论文）评估的组织协调与服务支持工作。

（二）本科毕业设计（论文）评估专家培训：春季学期第 14 周

1. 教务处对未参与过本科毕业设计（论文）评估培训的专家进行培训，培训时间为半天，内容包括评估质量标准和指标体系解读等。

2. 各教学单位组织本单位专家参与培训。

（三）确定评估的本科毕业设计（论文）：春季学期第 15 周

1. 质工委依据不同的学科门类和教学单位本科生人数，按比例抽取一定数量的毕业设计（论文）开展评估。

2. 将每学年拟开展评估的本科毕业设计（论文）的数量和名单将在教务网公示，同时以邮件形式通知教学单位教学负责人和本科毕业设计（论文）评估秘书。

（四）教学单位提交本科毕业设计（论文）资料：春季学期第 16 周

教学单位在春季学期第 10 周向学校本科毕业设计（论文）评估组提供两类资料：

1. 学生的本科毕业设计（论文）资料；

2. 教学单位应对本单位内部本科毕业设计（论文）质量保障体系建设情况进行详细说明，并完成自评估报告（模板请参照《西南交通大学教学单位本科毕业设计（论文）质量保障自评估报告》（XJZB-2604-1.0），各教学单位在完成毕业设计（论文）自评估报告后签字盖章并提交质工委。

（五）本科毕业设计（论文）评估与结果反馈：春季学期第 17—18 周

1. 质工委本科毕业设计（论文）评估组综合以下两方面信息，对毕业设计（论文）开展评估：

（1）学生的本科毕业设计（论文）资料。

（2）教学单位提交的《西南交通大学教学单位本科毕业设计（论文）质量保障自评估报告》（XJZB-2604-1.0）。

2. 评估过程及结果：

（1）质工委本科毕业设计（论文）评估组对教学单位提交的毕业设计（论文）及相关资料给出初评结果。初评结果包括评级结果和改进意见建议两个部分。评级结果共分 5 个等级：特优、优秀、良好、尚可、较差。改进意见建议应该尽量具体、明确、具有较强可操作性，特别是其改进成效应可评价。

（2）质工委本科教学质量保障分委会以会议形式对各本科毕业设计（论文）评估组提交的评估等级为"尚可"和"较差"的毕业设计（论文）进行重点审议，确定最终评级；最终评级为"较差"的，需在答辩前向质工委本科毕业设计（论文）评估组提交相关资料进行复评。

（3）质工委以本科毕业设计（论文）评估报告形式及时向各教学单位反馈评估结果，教学单位须将结果反馈给对应导师，并责成学生第一时间对存在的问题进行彻底修改。

六、西南交通大学本科毕业设计（论文）评估结论与应用

1. 本科毕业设计（论文）保障情况（过程和结果）等全部录入并留存信息化平台中毕业设计（论文）档案系统。

2. 学校每学年将组织"优秀毕业设计（论文）"和"优秀毕业设计（论文）指导教师"的评选，对本科毕业设计（论文）质量较高的教学单位进行表彰，并予以奖励。

3. 本科毕业设计（论文）评估结果将作为学校对各教学单位年度本科教学工作考核的重要指标之一。

附件 6-4　西南交通大学本科毕业设计（论文）管理办法（XJZB-6302-1.0）

编号	XJZB-6302
版本	1.0
生效日期	2016 年 10 月

西南交通大学本科毕业设计（论文）

管理办法

目　录

毕业设计（论文）是实现学生培养目标的重要教学环节，也是学生毕业和授予学位资格的重要依据。为进一步规范毕业设计(论文)管理，提高教学质量，制定本办法。

一、毕业设计（论文）题目的确定程序

1. 指导教师根据选题要求、意义和所具备的条件初步确定题目，于第七学期（五年制第九学期）上报所在学院；

2. 各学院教学负责人、系主任、教研室主任和毕业设计（论文）领导小组审定毕业设计（论文）题目，报教务处备案，并向学生公示。题目一经确定，不得随意更改；

3. 各专业的毕业设计（论文）任务书应在第七学期（五年制第九学期）下达给学生；

4. 学生应于第七学期末（五年制第九学期末）完成文献阅读、资料收集等工作，集中用于毕业设计（论文）的时间不得少于教学计划规定的时间。

二、毕业设计（论文）指导教师的确定与职责

1. 毕业设计（论文）指导教师应由具有讲师或讲师以上职称的教师担任。指导教师由学院审定后报教务处备案；

2. 指导教师确定后，不得随意更换。如确定需要更换，须经学院教学负责人批准后报教务处备案；

3. 学生在校外进行毕业设计（论文）的应采用双指导教师制，聘请有业务特长的工程技术人员或研究人员担任校外指导教师，同时学生所在学院仍须指定校内指导老师进行定期检查，掌握进度，负责答辩，协调有关问题；

4. 每名指导教师所指导毕业设计（论文）的学生人数原则上不超过 10 名（文科类专业不得超过 12 名）；

5. 毕业设计（论文）指导教师的职责：

（1）选择题目，拟定任务书，制订指导计划和工作程序，制订毕业实习计划，明确实习内容和要求，规定纪律；

（2）按时向学生下达毕业设计（论文）任务书，并提出具体要求，指定主要参考资料和社会调查内容；

（3）认真落实《毕业设计（论文）指导记录》填写工作，具体办法如下：

① 每个学生填写一本《毕业设计（论文）指导记录》。指导教师每周至少指导学生一次，每次由学生填写指导情况，并由指导教师签字认可，以达到全程记录学生完成学习任务和教师指导情况的目的；

② 指导记录的封面需列出学院、专业、毕业设计（论文）题目、学生、指导教师等内容。《毕业设计（论文）指导记录》应由教师职责、学生守则、毕业设计（论文）要求以及记录内容等部分组成；

③《毕业设计（论文）指导记录》应包含以下内容：

➢ 指导日期（年、月、日）、时间（×点×分—×点×分）；

➢ 上次辅导至本次辅导期间，学生所做的工作，毕业设计（论文）的进度情况，需要解答的问题；

➢ 指导教师签字（年、月、日）；

➢ 第①、②两项应由学生答疑前填好，指导时交指导教师审阅。

④《毕业设计（论文）指导记录》应在答辩时呈交答辩委员会，作为评分的参考资料。

（4）做好学生外文翻译的评阅工作；

（5）指导学生按规范（见附件）要求正确撰写毕业设计（论文），并写出评语；

（6）指导教师应对学生学术道德行为负责，及时发现并纠正学生的学术不端行为，必要时可取消其答辩资格。

三、对学生的基本要求

1. 学生应严格遵守学籍管理中的有关规定，坚决杜绝弄虚作假、抄袭、剽窃及论文买卖等有违学术道德的行为；

2. 学生在毕业实习、调研中应服从带队教师安排，自觉遵守纪律，注意安全；应明确任务与要求，带着问题主动、虚心地向现场工作人员学习，认真做好笔记，按计划独立地完成实习报告、调研报告。毕业答辩时应将实习报告、调研报告交答辩评审组审查，审查结果将作为毕业设计（论文）评分的依据之一；

3. 学生应完成毕业设计（论文）任务，做到设计合理，叙述简练，文字工整，绘图整洁、正确、规范，并完成不少于 1 万外文字符的翻译，用外文撰写本人的毕业设计（论文）摘要；

4. 土木、机械类专业设计型题目，一般每个学生至少应完成相当于两张 0 号的设计图，说明书不少于 1.5 万字；论文型题目，其说明书不少于 2.8 万字，答辩时应附上本人第六或第七学期课程设计图；

5. 电、运输、管理、材料类专业设计型题目，说明书不少于 2.4 万字，要有一定数量的设计图；论文型题目，其说明书不少于 2.8 万字；

6. 文科类专业论文原则上不少于 1.5 万字，并附资料索引；外语类专业论文要求 3000 到 5000 个单词；

7. 应用理科类专业论文中要有定性的分析、定量的计算，学生应熟练地掌握计算机程序处理和阅读外文资料的能力，论文说明书不少于 2 万字；

8. 学生在完成毕业设计（论文）后应做好整理、后续工作。学生应当重视文整工作，按要求装订成册，并与其他设计（论文）资料一起装入毕业设计（论文）资料袋中；

9. 学生凡有以下情况之一者，应取消其答辩资格：

（1）未按时完成指导教师规定的任务和要求者；

（2）说明书有严重错误或极其潦草者；

（3）图纸有严重错误或极其潦草者；

（4）毕业设计（论文）全过程中有 1/3 时间缺席者；

（5）查明有抄袭或代做代写行为者。

四、教务处工作职责

1. 在主管校长的领导下，总体负责本科毕业设计（论文）相关工作；

2. 汇总各学院毕业设计（论文）课题和指导教师安排，检查执行情况，协调有关问题；

3. 牵头进行中期检查、抽样答辩、答辩工作；

4. 毕业设计（论文）结束后，进行"优秀毕业设计（论文）"和"优秀毕业设计（论文）指导教师"评选；

5. 对优秀毕业设计（论文）进行汇编；

6. 组织学院对"毕业设计（论文）管理办法"进行修订，对毕业设计（论文）工作进行总结。

五、学院职责

1. 各学院应成立毕业设计（论文）领导小组，对本学院的毕业设计（论文）工作进行组织领导和全过程监控。领导小组由学院教学负责人任组长，系主任（教研室主任）或资深指导教师任组员，负责下述工作：

（1）毕业设计（论文）规定的制定和修改；

（2）审核毕业设计（论文）题目与要求，因故改题的需由学院领导小组审批，报教务处备案；

（3）审核毕业实习计划与毕业实习报告的组成内容；

（4）审定毕业设计（论文）指导教师和学生的资格，并分配任务；

（5）检查并联系解决毕业设计（论文）的过程中遇到的问题；

（6）按毕业设计（论文）流程，进行全过程监控，保证毕业设计（论文）的质量。

2. 毕业设计（论文）的过程监控工作。

（1）准备工作：审定指导教师报送的题目，审批指导教师资格；审批学生毕业设计（论文）资格，审核、分配、下达毕业设计（论文）任务；组织师生见面会，对师生进行毕业设计（论文）工作的动员；审定毕业实习计划；检查毕业设计工作条件；

（2）核查教师的指导工作，要求教师每周指导、检查、答疑和布置具体任务，师生面对面活动不少于每周一次；

（3）组织开展中期检查；

（4）答辩准备：组织抽样答辩，指定答辩委员与毕业设计（论文）评阅人，研究答辩有关规定与评分标准；

（5）答辩文档审查：指导教师在学生答辩前，应检查任务书、指导教师评语、审阅人评审意见和文档内容是否齐全、规范，不齐全、不规范者应补全后报送答辩小组；答辩小组在学生答辩前发现毕业设计（论文）文档不规范或文件不全者，应通知指导教师和学生补全规范后，再进行答辩。

3. 毕业设计（论文）的答辩工作。

（1）在学院负责人领导下，按学院成立毕业设计（论文）答辩委员会，学院答辩委员会由主任、副主任、委员、秘书共 5 ~ 9 人组成，负责组织全学院的答辩和学生成绩及评语的审定等工作。上述名单应于毕业答辩开始两周前报教务处备案。

（2）答辩在本专业范围内进行，学生多的专业可以分小组进行，每个答辩小组不得少于3 名学生。答辩小组成员一般不得少于 3 名教师，这些教师可以是本专业、本学院的教师，也可以是外专业、外学院的教师，也可聘请校外兼职教师参加。

（3）毕业设计（论文）应由答辩组一名以上教师详细评阅，写出评阅意见，指导教师不能兼任被指导学生的论文评阅人。

（4）为严格要求、统一标准，在全面答辩开始前，全校需组织抽样答辩。由教务处组织成立全校毕业设计（论文）抽样答辩委员会。校答辩委员会由各学院专家组成，按专业大类组成校抽样答辩小组，对各专业学生进行随机抽样答辩。

（5）每名学生答辩时间一般为 30 分钟，其中学生本人简要报告毕业设计（论文）内容约为 20 分钟，教师提问和学生答辩时间约为 10 分钟。答辩结束后，该组负责人需在答辩记录上签字。答辩记录需存学院（教研室）备查。

4. 存档和成绩报送。学生答辩完毕，文档资料提交完整后，对学生的电子文档和书面文档必须进行学院级存档，由教研室或学院资料室保存，教师可随时借用。存档之后方可由教务员向教务处报送成绩。教务员在报送成绩时如果发现文档内容不全者，应通知指导教师补全后方可报送成绩。

5. 优秀毕业设计（论文）的推荐。每学年答辩结束后，各专业按要求推荐优秀毕业设计（论文）报教务处，按要求填写教务处制定的优秀毕业设计（论文）申报表，并附上论文摘要，由学校评选后进行优秀毕业设计（论文）汇编。

6. 毕业设计（论文）工作总结。毕业设计（论文）成绩报送完毕后，各学院应组织指导教师进行毕业设计论文工作总结，分析研讨进一步提高毕业设计（论文）质量的举措，提出修订毕业设计（论文）规定的意见，报送教务处。

六、毕业设计（论文）评分标准

毕业设计评分采用百分制，根据任务完成质量、文档撰写质量、完成过程及答辩环节表现、图纸与英文翻译及其他相关材料完成质量等指标进行综合评定。按照百分制评分后，需换算为五级制，换算标准为：优秀（相当于 90 ~ 100 分）、良好（相当于 80 ~ 89 分）、中等（相当于 70 ~ 79 分）、及格（相当于 60 ~ 69 分）、不及格（60 分以下）。其中成绩为"优秀"的比例不超过参加毕业设计（论文）学生人数的 20%。

七、评价和奖励

1. 学校将每年组织"优秀毕业设计（论文）"和"优秀毕业设计（论文）指导教师"的评选；

2. "优秀毕业设计（论文）"和"优秀毕业设计（论文）指导教师"将作为学院年终教学工作考核的重要依据之一。

八、附　则

1. 本办法自 2017 年 9 月 1 日起施行。原《西南交通大学本科毕业设计（论文）工作规定》同时废止。

2. 学校授权教务处对本办法进行解释。

附件 6-5　西南交通大学本科毕业设计（论文）质量评估指标（XJZB-6401-1.0）

编号	XJZB-6401
版本	1.0
生效日期	2016 年 10 月

西南交通大学本科毕业设计（论文）

质量评估指标

西南交通大学本科毕业设计（论文）审阅表

毕业设计（论文）题目												
学生姓名				班级				学号				
教学单位							审阅人					

序号	评估内容	评估指标		等级				
				特优	优秀	良好	尚可	较差
1	教学目标与内容	1.1 毕业设计（论文）能够有效支持毕业要求和培养素目标的达成，涵盖了知识、能力、人格与价值等多个维度的目标。尤其是工科专业通过毕业设计（论文）能够有效提升提高学生解决复杂工程问题能力。						
		1.2 本科毕业设计（论文）内容与教学目标相对应，深度广度适当，支持教学目标达成。						
		1.3 选题来源于生产、科研实际，与社会经济发展密切结合，反映了本专业领域的发展水平和前沿动态，具有先进性。						
		1.4 选题深度、广度、难度适中，同时具有跨学科内容，综合考虑应用专业知识，能够综合社会、安全、法律、文化以及环境等因素，能够为今后承担相关工作奠定基础。						
		1.5 任务书中清楚阐述了毕业设计（论文）工作目的的意义，对学生需要完成任务有详细清晰的描述，时间进度安排合理可行。						
		1.6 尊重学生认知规律和学生实际学情，能够不断激发学生学习兴趣和学习潜力，有效达成教学目标。						

评估资料

► 学生的毕业设计（论文）；
► 本科毕业设计（论文）任务书；
► 本科毕业设计（论文）开题报告；
► 其他需要的相关资料。

续表

序号	评估内容	评估指标	评估资料	等级				
				特优	优秀	良好	尚可	较差
2	成绩评定与反馈	2.1 对本科毕业设计（论文）的考核能够与教学目标相对应，支持教学目标达成。 2.2 对毕业设计（论文）的成绩评定应包含多个考核项目（文本撰写质量得分、答辩得分和过程得分等），各项目设置以及所占比重是合理的，能有效评价学生在教学目标上的达成度。 2.3 设置合理的考核项目使得学生在整个完成毕业设计（论文）的过程中都能保持持续努力，促进教学目标达成。 2.4 及时地将考核情况反馈给学生，帮助学生更好地完成毕业设计（论文）。 2.5 得分与质量具有较高一致性。 2.6 对于同一专业本科毕业设计（论文），遵循了统一的考评标准与考评方法。 2.7 答辩记录表有较详细答辩记录，反映答辩过程严谨、要求严格。	➢ 学生的毕业设计（论文）； ➢ 本科毕业论文答辩评分表； ➢ 本科毕业设计评分表； ➢ 其他需要的相关资料。					
3	学生学习成果	3.1 针对本科毕业设计（论文）教学目标，经过毕业设计（论文）教学过程，学生在知识、能力和素质等各方面的收获和程度达到了教学大纲要求的水平，对学生的成长与发展带来了积极的影响。	➢ 学生的毕业设计（论文）； ➢ 本科毕业设计（论文）审阅表； ➢ 其他需要的相关资料。					

续表

序号	评估内容	评估指标	评估资料	等级				
				特优	优秀	良好	尚可	较差
3	学生学习成果	3.2 文本撰写质量高：论文逻辑结构准、写作流畅，能够很好反映完成工作情况；中英文摘要撰写质量较高，关键词提炼准确；参考文献量较高，引用恰当；研究现状充分，清晰，文本、参考文献、图、表、公式、符号、缩略词等符合规范；英文翻译通顺流畅，无明显错误。 3.3 对于毕业设计，有明确设计目标和要求，采用解决方案合理可行，完成工作量饱满，有相应测试、验证或分析结果证明相关工作达到该设计要求；对于毕业论文，在提出新见解、新观点、新方法等方面有一定创新意识，同时论文应该通过实验、调查、分析、论证等方式证明其工作的创新性。 3.4 相关证明材料及其分析能够清晰反映学生的学习成果，且这些成果与教学目标相对应。	表： ➢ 学生的毕业设计（论文）； ➢ 本科毕业设计（论文）中期检查； ➢ 本科毕业设计（论文）指导记要； ➢ 其他需要的相关资料。					
4	指导过程	4.1 指导纪要撰写认真详细，反映教师悉心指导，能够有效及时帮助学生解决在毕业设计（论文）中遇到的问题。 4.2 能够为学生提供丰富且有效的毕业设计（论文）资源，并指导学生如何高效获取并使用这些资源。 4.3 指导教师意见与评阅意见撰写认真，能够客观、全面、准确评价毕业设计（论文）相关工作，有相关责任人签名，无缺项。 4.4 按照学校及学院要求，文档材料完整、相关责任人签名，无缺项。						
总体评价		改进意见和建议						